AF286071

NANU, WER KOCHT DENN HIER?

Gestatten, mein Name ist Daniela Mohr. Seit 2008 ist der Inhalt meiner Töpfe, Pfannen und Backformen weitestgehend vegan, und ich liebe es, pflanzliche Rezepte für Süßes und Saures auszutüfteln und in die Welt hinauszutröten.

„Gedöns" ist umgangssprachlich und bedeutet soviel wie „Getue, Aufhebens" und „für den alltäglichen Gebrauch nicht unbedingt notwendige Dinge".

Hier in diesem Buch findet die geneigte Leserschaft nun also 40 köstliche, einfache und rein pflanzliche Gerichte, die ohne viel Mühe und exotische Zutaten schnell und leicht nachzubasteln sind.

Alle vegan – und ohne Gedöns.

AN DEN OFEN, FERTIG, LOS!

Vegan kochen ohne Gedöns

Kochbuch Nr. ①

Ein Koch- und Lesebuch
mit 40 köstlichen Rezepten
ohne tierische Zutaten
und ohne Firlefanz

Na gut, vielleicht an der ein oder anderen Stelle ein
klitzekleines bisschen Firlefanz. Aber immer alltagstauglich.
Versprochen.

Bibliografische Information der Deutschen Nationalbibliothek:
Die Deutsche Nationalbibliothek verzeichnet diese Publikation in der Deutschen Nationalbibliografie; detaillierte bibliografische Daten sind im Internet über dnb.dnb.de abrufbar.

© Daniela Mohr
Umschlaggestaltung, Illustration & Layout: Susanne Klabunde, www.studio-greifenwald.de
Umschlagfotos: Daniela Mohr, https://danielamohr.com
Logo & Banner Mohrblog: Julia Schneider, https://paintedhell.de

1. Auflage 2024
2. Auflage 2025
Verlag: BoD · Books on Demand GmbH, In de Tarpen 42, 22848 Norderstedt, bod@bod.de
Druck: Libri Plureos GmbH, Friedensallee 273, 22763 Hamburg
ISBN: 978-3-7693-0552-4

INHALTSVERZEICHNIS

Geht rein pflanzliche Küche eigentlich auch einfach, preiswert und ratzfatz?

Wir schreiben das Jahr 2024, und irgendwo auf den hinteren Rängen des Ernährungstheaters hält sich noch immer hartnäckig die Meinung, dass eine rein pflanzliche Ernährung maximalkompliziert, irre aufwändig und exorbitant teuer sein muss. Diesen Eindruck könnte man tatsächlich manchmal bekommen, wenn man sich in den sozialen Medien in den Angeboten diverser Vegan-Foodblogger und Influenzer verliert. Ohne Avocado, Mandelmus, Hanfsamen, Mango und Aroniabeeren geht da mitunter nämlich gerade mal gar nix – und das ist erst das Frühstück.

Nicht, dass ich solche Kompositionen nicht auch lecker finden würde, aber in meinem Fall bieten weder Geldbeutel, Zeit noch mein persönliches Energielevel Raum für so 'nen Spökes. Ich bin eine überzeugte Freundin von einfachen und schnellen Gerichten mit schmaler Zutatenliste, deren Ingredienzen man auf jedem Wochen- oder im Supermarkt ergattern kann. Zudem gibt es eine Vielzahl guter Gerichte, die quasi schon „von Haus aus" vegan sind, wie zum Beispiel Spaghetti aglio e olio, Ratatouille, Minestrone und so manche indische Currys – da muss man doch gar nicht erst dran rütteln. Zudem mag mein inneres Faultier Speisen, für deren Zubereitung man nicht stundenlang in der Küche herumschnippeln, -dünsten und -köcheln muss. Wenn ich Hunger hab', dann will ich ESSEN und zwar zeitnah. Da kenn' ich nix, kenn ich da!

Und da es da draußen bestimmt so einige Menschen gibt, denen es ganz genauso geht, möchte ich mit diesem Koch- und Lesebuch meine Lieblingsgerichte mit euch teilen und euch im günstigsten Fall satt und glücklich machen.

Und das geht ganz ohne veganen Speck, Käse, Würstchen und das ganze Zipp und Zapp?

Gleich vorweg, ich hab' überhaupt nichts gegen sogenannte „Ersatzprodukte" und haue mir durchaus schon mal gerne ein Schnitzel oder 'ne Woscht auf Weizen- oder Erbsenbasis in die Pfanne. Das ich in meinen Rezepten auf dieses Zeugs verzichte, hat zwei Gründe:

Zum einen unterscheiden sich diese Produkte oft je nach Hersteller enorm in Geschmack und Konsistenz. Es gibt zum Beispiel inzwischen veganen Frischkäse, der leidlich gut schmeckt und auch für Soßen oder Dips ganz brauchbar ist – es gibt aber auch manche Sorten, die in jeder Hinsicht einfach nur grauenhaft sind und die man „keinem Esel ins Ohr schütten kann" (Na gut, dieses Prozedere wäre ja sowieso nicht vegan!)

Wenn ich nun also veganen Frischkäse in einem Rezept verwenden würde, kann das ganz gut werden oder im schlimmsten Fall das ganze Gericht versauen.

Der zweite Grund ist, dass es nicht selten vorkommt, das ein gutes Produkt ganz plötzlich wieder vom Markt verschwindet - und schon stehen etablierte Rezepte ziemlich nackig und hilflos da. Die Älteren von euch (höhö!) erinnern sich bestimmt noch an die allererste, aufschlagbare Sahne von einer kleinen Firma aus der Eifel. Dieses Zeugs war bombe und ich hatte so einige Kuchenrezepte in meinem Blog, für die ich diese Sahne verwendet habe. Eines schönen Tages war diese Sahne aber ratzekahl aus allen Supermärkten verschwunden (es gab wohl irgendwelche Rohstoffprobleme) und ist auch nie wieder aufgetaucht. Somit waren meine erprobten Kuchenrezepte, die ich mit exakt diesem Produkt ausgetüftelt habe, mal eben komplett für'n Popo.

Die Moral von der Geschicht': Verlass' dich auf Ersatzprodukte nicht!

So, nämlich.

Aber wo wir gerade von „wenig Zeit und viel Hunger" sprechen... jetzt ist mal genug geschwafelt, jetzt heißt es „An die Herde und Öfen, losgekocht und losgefuttert!"

FÜR MEHR ROCK'N'ROLL IM BACKOFEN

Weil Musik neben Essen eine meiner großen Leidenschaften ist, gibt es zu jedem Rezept einen Musik-Tipp, dem man sowohl während der Produktion wie auch der Verkostung lauschen darf.

Mein Musik-Tipp für Euch :)

ACH, APROPOS BACKOFEN:

Alle Ofengerichte im Buch wurden bei Ober- und Unterhitze gebacken. Wer also Umluft nutzt, sollte die Temperaturen entsprechend umrechnen.

Im Kochtopf

Ich bin ja so ziemlich das Gegenteil einer hipsterigen Trendsetterin. Aber ich kann zumindest mit Fug und Recht behaupten, dass ICH (ha!) schon auf Gerichte abgefahren bin, die in einem einzigen Kochpott zusammengeköchelt werden, noch lange bevor das Ganze als „One-Pot-Meals" von enthusiastischen Influenzern durch die Instagram-Kanäle gepeitscht wurde.

So, nämlich.

Und so finden sich auch in diesem Kapitel so einige „Ein-Pott-Mahle" und Lieblingsgerichte. Aber auch Pasta darf auf meinem Tellerchen nicht zu kurz kommen und ein paar (Grün-)Körnchen müssen auch noch unbedingt in den Kochtopf.

Einige Zutatenkombinationen mögen zwar beim ersten Lesen eigentümlich anmuten, aber ich gebe mein großes Mohr-Ehrenwort, dass alle Rezepte getestet und für „echt lecker, ey!" befunden wurden (zumindest von Menschen in meinem Umfeld, die ähnlich schräge Geschmacksknospen haben wie ich)

Also, ran an die Kochlöffel und losgekocht!

MAGHMOUR
(2-4 Portionen)

Dieser libanesische Aubergineneintopf ist ein würdiger Start in dieses Kochbuch, denn er enthält wenige Zutaten und ist einfach zu kochen. Zudem kann er kalt und zimmerwarm gegessen werden. Eventuelle Reste („Welche RESTE?!") sind also ein prima Mittagessen fürs Büro, wenn keine Herdplatte zum Aufwärmen greifbar ist. Und da ich nie genau weiß, wie man „Maghmour" nun ausspricht, ist im Laufe der Zeit einfach „Mampf-Mohr" daraus geworden. Und passender geht's ja nun wirklich nicht.

Wenn gerade keine frische Minze zur Hand ist, tut es auch getrocknete, für den Notfall geht sogar der Inhalt eines Pfefferminztee-Beutels. Allerdings ist das Aroma von frischer, gehackter Minze für meinen Geschmack unschlagbar und gibt dem schlichten Eintopf erst den richtigen Kick.

- 1 Aubergine
- 400 g Kichererbsen (gekocht/Dose)
- 1 Dose Tomaten, gestückelt (400 g)
- 1 EL Tomatenmark
- 3 mittelgroße Zwiebeln
- 2 Knoblauchzehen
- Olivenöl zum Anbraten (nicht zu sparsam)
- 1 TL Salz
- je ½ TL Kreuzkümmel, Cayennepfeffer, schwarzer Pfeffer, Zimt
- ca. 1 EL frische Minze, gehackt

Zuerst werden die Aubergine und die Zwiebeln gewürfelt und in reichlich Olivenöl in einem Topf angebraten, bis die Zwiebeln glasig und die Auberginenwürfel ein wenig gebräunt sind. Nun das Tomatenmark zugeben und hochmotiviert noch ein wenig im Topf rühren.

Den Knoblauch pressen oder fein würfeln, zu den Zwiebeln in den Topf geben und kurz mitdünsten lassen. Tomaten und abgetropfte Kichererbsen zugeben, durchrühren und mit den Gewürzen (bis auf Minze und Zimt) abschmecken. Mit ca. 300 ml Wasser aufgießen und köcheln lassen, bis die Auberginen weich sind. Das dauert ca. 20-30 Minuten. Dabei immer mal wieder umrühren, damit nix anbrutzelt. Zum Schluss noch Zimt und Minze zugeben und unterrühren.

Nun ist der würzige Eintopf auch schon fertig. Wer gerade ungezuckerten Joghurt (Soja oder Kokos) zur Hand hat, kann davon noch einen Klecks in die Suppenteller geben.

Maghmour schmeckt solo mit etwas Brot, aber auch als Soße zu Nudeln, Reis oder Couscous. Die Menge aus o.g. Zutaten sättigt 2 mittelmäßig hungrige Esser, wenn man Beilagen dazu serviert, kann man bis zu 4 Leute damit abfüttern.

Mobina Galore //
Escape Plan

Pasta e Ceci
(ca. 3-4 Portionen)

„Pasta e ceci" ist italienisch und bedeutet „Nudeln mit Kichererbsen" – und das lässt schon deutliche Rückschlüsse auf die Hauptbestandteile dieses Nudeltopfes zu.

Hierbei handelt es sich um ein klassisches italienisches Gericht aus der „Cucina povera", das nicht viel mehr Zutaten enthält als Nudeln, Kichererbsen, Tomatenmark und reichlich Knoblauch. Und das Allerbeste: Es wird alles in einem einzigen Pott zusammengeköchelt und man muss wenig tun, außer vorfreudig ab und an umzurühren, damit nix am Topfboden ansetzt.

Wie bei nahezu allen Traditionsgerichten gibt es bei der Zubereitung regionale Unterschiede und vermutlich hat jede italienische Familie ihr eigenes Rezept. Da meine Familie aber aus dem tiefsten Westerwald kommt, mach' ich es einfach so, wie es mir am besten schmeckt. E basta!

- 1 mittelgroße Möhre
- 1 kleine weiße Zwiebel
- 2-3 Knoblauchzehen
- 1 Glas/Dose Kichererbsen à 230 g Abtropfgewicht
- etwas Olivenöl
- 1-2 Zweige Rosmarin
- 2 gehäufte EL Tomatenmark
- 200 g Pasta (ich habe Penne genommen, aber jede kurze Nudelsorte geht genauso gut)
- Wasser, Gemüsebrühe, Pfeffer, Salz

Möhren, Zwiebeln und Knoblauch vom Schalenkleid befreien, Möhren und Zwiebeln würfeln und den Knoblauch durch die Presse jagen. Etwas Olivenöl in einem größeren Pott erhitzen und das Gemüse darin andünsten.

Die Kichererbsen abtropfen lassen und – wichtig – das Kichererbsenwasser auffangen! Dann dürfen die Hülsenfrüchte zum Gemüse in den Topf hüpfen und eine Runde mitschwitzen. Tomatenmark zugeben und kurz mit anbraten.

Das Kichererbsenwasser mit Leitungswasser auf insgesamt ca. 600 ml auffüllen und in den Topf gießen. Wer mag (und ich mochte!), kann an diesem Punkt 2-3 x mit dem Pürierstab durch den Topf wandern... nicht alles fein pürieren, sondern den Stab nur kurz reinhalten, das macht das Ganze später sämiger.

Wenn die Zwiebel-Knoblauch-Möhren-Tomaten-Kichererbsen-Mischung köchelt, kommen die Nudeln dazu und werden gut untergerührt. Rosmarin fein hacken und ebenfalls in den Topf schubsen.

Jetzt wird das Ganze auf kleiner Flamme unter Rühren so lange geköchelt, bis die Nudeln weich, aber bissfest sind (und aufpassen, dass nix anbrennt!). Wer das Gericht ein wenig suppiger haben möchte, nimmt einfach entsprechend mehr Wasser.

Mit Gemüsebrühe (ich hatte ca. ½ gestr. EL), Salz und Pfeffer abschmecken, auf einen Teller geben und servieren.

TIPP

Oft gebe ich nach dem „Pürierstab"-Gang noch eine gute Handvoll roter Linsen dazu. Und wenn kein Rosmarin zur Hand ist, schmeckt auch ein halber Bund gehackter Petersilie ganz großartig, die allerdings erst kurz vor Schluss einrühren.

Chili con Körner

(ca. 3-4 Portionen)

Zu der Zeit, als ich aufgehört habe, Tiere zu essen, war es noch nicht sonderlich hip oder cool, Vegetarier oder Veganer zu sein. Das allgemeingültige Bild eines Pflanzenfressers war eher das eines drögen Ökotypen mit selbstgestricktem Rentier-Norwegerpulli und Birkenstocks, der sich von Grünkern, Tofu, katzenfutterähnlichen Aufstrichen und freudlosen Soja-Bratrollen aus dem Reformhaus ernährt. „Also nee, diese Grünkernfresserei, das wär' ja nix für mich!" hab' ich da öfter mal zu hören bekommen. (Zur heutigen Zeit zu ersetzen mit „Also nee, diese ganzen nachgemachten Ersatzprodukte mit der ganzen Chemie drin, das wär' ja nix für mich"... ja, ja, Zeiten ändern sich. Passable Ersatzprodukte gab's zu der Zeit noch gar nicht – wir hatten ja NIX, hatten wir!)

Eigentlich ist Grünkernfresserei aber ziemlich lecker, vor allem in Kombination mit Bohnen und Chili. Heute besteht das einzige Problem im Gegensatz zu Reformhaus-Zeiten nur darin, fertigen Grünkernschrot zu finden. Meistens findet man in Supermärkten nur die ganzen Körner. Wer eine Getreidemühle oder sonstige Küchenhelfer sein Eigen nennt, kann die Körnchen damit problemlos kleinhäckseln. Aber tatsächlich kann man notfalls auch einfach ganze Körner verkochen, das gibt dem Chili einfach mehr Biss, schmeckt aber genauso gut.

- 100 g Grünkern (geschrotet oder ganz)
- 2 EL Pflanzenöl
- 1 Zwiebel
- 1 Knoblauchzehe
- 2 EL Tomatenmark
- je 1 Dose gestückelte Tomaten, Chili-Bohnen und Kidney-Bohnen
- je 1 gestr. TL Salz, Kreuzkümmel, Cayennepfeffer und geräuchertes Paprikapulver
- ½ TL schwarzer Pfeffer

- 400 ml Wasser
- optional: 1 rote Paprika / etwas frischer Koriander

Grünkern(schrot) ohne Fett im Topf auf leichter Flamme leicht anrösten, bis er anfängt, nach... ähem... geröstetem Grünkern zu duften. Für alle, die nicht wissen wie das riecht: Solange rösten, bis die Körner dunkler werden und sich ein bis dato unbekannter und leicht würziger Geruch breitmacht. Die angerösteten Körnchen in eine Schüssel geben und beiseite stellen. Paprika – falls verwendet – vom Kerngehäuse befreien und in Streifen schneiden.

Das Pflanzenöl im Topf erhitzen, die gewürfelte Zwiebel darin anschwitzen, bis sie leicht glasig wird, dann Tomatenmark zugeben und kurz durchrühren. Knoblauch durch die Presse jagen und mit den Zwiebeln und gestreifelten Paprika kurz andünsten. Die Kidneybohnen in ein Sieb geben und solange abspülen, bis das Wasser klar ist. Dann ebenfalls in den Topf geben, Chilibohnen (mitsamt Soße), Tomaten, Wasser, Grünkern und Gewürze dazukippen und... rührt euch!

Ab jetzt ist ein wenig Vorsicht geboten: Unbeaufsichtigt neigt das Chili dazu, kohlrabenschwarz anzubrennen. Also nicht aus den Augen lassen und immer leicht umrühren.

Wenn Grünkernschrot verwendet wird, ist das Chili nach ca. 25-30 Minuten fertig, das ganze Korn dauert etwas länger, bis es weich ist. Wer mag, kann die Portionen mit frischem Koriander garnieren. Wer nicht mag... nicht.

BAP //
Müsli Män

Erdnuss-Grünkern mit Preiselbeeren

(ca. 2 Portionen)

So ein Gericht entsteht, wenn man hochmotiviert anfängt, seinen vollgestopften Vorratsschrank zu entrümpeln. Im Rahmen dieses Unterfangens fiel mir einmal eine angebrochene Packung Grünkern in die Hände, die vor einer Weile aus einer Chili-con-Körner-Produktion übrig geblieben und dann leider dem großen Vergessen anheim gefallen war. Und was genau ich seinerzeit beim Kauf der Wildpreiselbeeren vorhatte, die sich in der hintersten Ecke des Schrankes gemütlich an Hirseflocken und getrocknete Erbsen kuschelten, hatte ich auch längst vergessen... aber eigentlich könnte man diese beiden Funde doch ganz prima vergesellschaften.

„Warum?"

„Warum NICHT?"

Und tatsächlich schmeckt diese Fusion ziemlich lecker, ist schnell gemacht und passt super als Beilage zu Gemüsegerichten und Currys.

- 120 g Grünkern (ganzes Korn)
- ca. 350 ml kochendes Wasser
- 1 EL Erdnussbutter
- 1 TL Ras el-Hanout*
- ¾ TL Salz
- ½ Cayennepfeffer
- ca. 2 EL Preiselbeeren

Zuerst den Grünkern in einen Topf geben, mit 350 ml kochendem Wasser übergießen und ca. 1 Stunde stehen lassen. Dann den Herd auf Vollgas schalten, Grünkern kurz aufkochen und auf kleiner Flamme ca. 20-30 Minuten unter Rühren köcheln, bis er weich aber bissfest ist. Die Erdnussbutter unterrühren, mit den Gewürzen abschmecken und kurz durchziehen lassen. Wem's zu trocken ist, der kann auch noch 'nen Schlag Wasser unterrühren.

Dann auf 2 Portionen aufteilen und mit je 1 EL Preiselbeeren servieren.

Dazu passen Tofu-Sesamwürfel und Schmorgurke („SchMOHRgurke! Hihi...!") mit Kokosmilch.

Aber das ist eine andere Rezepte-Geschichte, die im Kapitel „Aus der Pfanne" erzählt wird. Ordnung muss schließlich sein, hier.

„RAS-EL... WATT?!"

*Ras el-Hanout ist eine Gewürzmischung aus dem Mahgreb, die ich in diesem Fall ebenfalls irgendwann gekauft und gründlich habe einstauben lassen. Wer diese Mischung nicht extra kaufen will, kann sich mit Kurkuma, Koriander, Pfeffer, Nelken, Kreuzkümmel und Zimt austoben, je nachdem was der Gewürzschrank so hergibt.

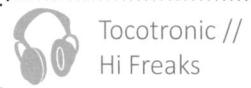

Tocotronic //
Hi Freaks

POPEYES PEANUT-PASTA

(ca. 2 Portionen)

Und wenn wir die Erdnussbutter für den Grünkern eh schon mal aus dem Schrank geholt haben, können wir sie auch gleich in eine leckere spinatige Nudelsoße verrühren. Dieses Gericht ist nicht meinem eigenen Hirn entsprungen. Es gibt einige ähnliche Rezepte im Netz, und irgendwann habe ich die erdnussige Spinatpasta einfach adoptiert, weil sie unfassbar lecker ist und der „Ohne-Gedöns"-Stempel ganz wunderbar passt.

Damit es einfach, schnell und zu jeder Jahreszeit auf dem Teller landen kann, habe ich gehackten Tiefkühl-Spinat verköchelt. Natürlich kann man aber auch das frische Grünzeug verwenden.

Und wenn man insgesamt etwas weniger Flüssigkeit verwendet, kann man diesen leckeren Erdnuss-Spinat auch statt Soße zu Pasta als Gemüsebeilage, bzw. zu Kartoffelpüree, servieren.

- 1 kleine Zwiebel
- 1 Zehe Knoblauch
- 1 Stück Ingwer (ca. 15 g ohne Schale)
- 1 kleine rote Chilischote (oder 1 TL Chiliflocken)
- 1 EL Kokosöl
- 250 g TK-Blattspinat (gehackt)
- 200 ml Kokosmilch
- 50-100 ml Wasser
- 60 g Erdnussbutter (möglichst „crunchy")
- 25 ml Limettensaft
- ¾ TL Salz
- 40 g Erdnüsse, geröstet, gesalzen, gehackt
- 180 g Vollkornlinguine oder andere Pasta

Die Zwiebel schälen und in formschöne Würfel schnitzen, Ingwer und Chili hacken und die Knoblauchzehe durch die Presse jagen (oder auch hacken). Kokosöl in einem kleinen Topf erhitzen, bis es flüssig ist, und Zwiebel, Knobi, Chili und Ingwer darin andünsten. In der Zwischenzeit einen Topf mit gesalzenem Wasser für die Nudeln aufsetzen.

Wer Zeit und Lust kann, kann hier auch mal eine Weile innehalten und sich an den Aromen erfreuen, die aus dem Topf aufsteigen. Zwiebel, Knoblauch und Ingwer ergeben ein arg nasenschmeichelndes Odeur.

So – genug geschnüffelt, jetzt kommt der Spinat mit in den Topf. Man kann ihn vorher auftauen lassen, aber ich werfe ihn immer gefroren in den Pott – auftauen kann er dort von selbst. Danach die Erdnussbutter einrühren, Kokosmilch und Wasser zugeben, fleißig rühren (gerne nochmal den Riechkolben über den Topf halten. Hmm.. aaah...!). Mit Limettensaft und Salz abschmecken und ein paar Minuten vor sich hinköcheln lassen, dabei immer mal rühren, damit nix ansetzt. Pasta ins kochende Wasser geben und bissfest kochen, abschütten, auf zwei Teller verteilen. Die Erdnuss-Spinatsoße über die Nudeln geben, mit den Erdnüssen bestreuen und servieren.

Johnny Cash //
Solitary Man

HERR WIRSING IM LECKERLAND

(ca. 2-3 Portionen)

Wer (wie ich) Wirsing aus Kindheitstagen nur in verkochter und in Mehlschwitze ertränkter Form kennt, dem sei dieses Gericht dringend ans Herz gelegt – denn es ist mit Möhren, Äpfeln und Wirsing nicht nur politisch-korrekt-saisonal, sondern auch so richtig, richtig lecker und sogar ein klitzekleines bisschen exotisch.

Zudem ist dieses Rezept fast sowas wie ein Klassiker, denn es war eins der allerersten Gerichte, die ich mir zusammengezimmert habe, als ich mich im Jahre 2007 erstmals an der veganen Ernährung versucht habe. Und somit war es auch eins der ersten Rezepte auf meinem damaligen Veganfutter-Blog.

Tja, und wie man durch Filme und Autos weiß: Klassiker sind einfach am besten, also los geht's mit der Reise ins Leckerland!

* 100 g Cashewkerne + etwas Paprikapulver oder Cayennepfeffer
* 1 kleine Zwiebel
* 3 Möhren
* ½ Kopf Wirsing
* 2 kleine Äpfel
* 1 EL rote Currypaste
* 1 EL Tomatenmark
* 200 ml Wasser
* 1 kleine Dose Kokosmilch (165 ml)
* 1 EL Zuckerrübensirup
* 2 EL gerösteter Sesam
* 2 TL Currypulver
* 1 TL Zimt
* Salz, Chilipulver, Kreuzkümmel
* 1 Spritzer Zitronensaft
* 1 EL Kokosöl zum Anbraten

Die Cashewkerne grob hacken, mit etwas Paprika oder Cayennepfeffer bestäuben, in einer beschichteten Pfanne ohne Fett anrösten und beiseite stellen.

Die Zwiebel, Möhren und Äpfel würfeln/stifteln. Kokosöl in einem Topf erhitzen und Zwiebeln und Möhren darin andünsten. Tomatenmark und Currypaste zugeben und mit Wasser aufgießen. Den Wirsing in Streifen schneiden, auf die Möhren-Zwiebel-Mischung in den Topf geben und mit der Kokosmilch übergießen. Deckel auflegen und ein paar Minuten dünsten lassen. Danach die gewürfelten Äpfel zugeben, Zuckerrübensirup im Sud auflösen und den Sesam unterrühren. Mit Zimt, Curry, Salz, Kreuzkümmel und Chili würzen, einen Spritzer Zitronensaft zugeben, kurz umrühren, nochmal aufkochen und feddisch ist die Kiste.

Vor seiner letzten Reise in die Magenwelt wird Herr Wirsing dann noch mit den gerösteten Cashewkernen bestreut.

Faber //
Vivaldi

ALIBABA-WEISSKOHL

(ca. 2 Portionen)

Und weiter geht's mit der Kohlerei. Dieses Rezept ist eine äußerst köstliche Methode zur Umwandlung eines schnöden Weißkohls in ein exotisch angehauchtes Alibaba-Gemüse. Die Würzmischung Ras el-Hanout kam schon bei dem Erdnuss-Grünkern zum Einsatz und passt hier auch ganz wunderbar.

Meine höchstpersönliche Empfehlung: Die u.a. Menge Alibaba-Weißkohl zubereiten, ca. 200 g Pasta kochen, zwei schöne Portionen mehr oder weniger dekorativ auf 2 Tellern verteilen und genießen. Auch Pell- oder Bratkartoffeln, Reis oder Quinoa passen total lecker zum würzigen Alibaba. Danach Blätterteigtaschen mit dem Restgemüse befüllen und entweder am Folgetag zusammen mit einem frischen Wildkräutersalat zum Abendbrot verspachteln oder als Proviant mit auf die Arbeit nehmen. Aber – macht doch einfach was ihr wollt!

- 1 rote Zwiebel
- 130 g Süßkartoffel
- 350 g Weißkohl
- 50 ml Wasser
- 50 ml Apfelessig
- 30 g Cranberries
- 2 EL Rapsöl mit Buttergeschmack (alternativ: Sesam- oder Kokosöl)
- 1 EL Sesam
- ½ TL Schwarzkümmel
- ¾-1 TL Salz
- ½ TL Ras el-Hanout
- ½ TL Chiliflocken

Den Kohlkopf waschen, den Strunk herausschneiden und den Kohl in feine Streifen schneiden. Die Zwiebel schälen und fein würfeln, Süßkartoffel schälen (oder auch nicht) und raspeln.

Das Öl in einem großen Topf (Pfanne oder Wok geht auch) erhitzen, die Zwiebelwürfel andünsten, Süßkartoffelraspel zugeben und ca. 5 Minuten unter Rühren schmurgeln. Dann den Kohl zugeben, ganz zart anbrutzeln lassen und fleißig wenden. Gewürze und Cranberries zugeben, das Ganze mit Wasser und Apfelessig aufgießen, zudecken und auf kleiner Flamme ca. 10 Minuten vor sich hin schmoren lassen.

Wenn man nun Alibaba-Blätterteigtaschen backen möchte, kann man Blätterteigplatten auftauen, ausrollen, teilen und auf jedes Viereck 1 EL Gemüse setzen. Die Ränder mit pflanzlicher Sahne bestreichen (hier: Hafersahne), zusammenkleben und festdrücken. Die fertigen Dreiecke nochmal mit Sahne bestreichen, mit Sesam und/oder Schwarzkümmel bestreuen und im vorgeheizten Ofen ca. 20 Minuten backen (hier empfiehlt es sich, sich an die Herstellerangaben auf der Packung zu halten.)

Alternativ zur Süßkartoffel wurden übrigens auch schon Möhren getestet und für prima befunden. Also – wieder mal ein Rezept, um sich mächtig kreativ auszutoben.

Frank Turner //
I Still Believe

Nussiger Kohlpott „Afrika"

(ca. 2 Portionen)

Die meisten handelsüblichen Kohlköpfe haben ja einen fußballgroßen Umfang, und so könnte es gut sein, dass man nach der Verkochung zum Alibaba-Weißkohl noch eine ordentliche Menge dieses Gemüses übrig hat. Und wenn man exotische, würzige Gerichte so sehr liebt wie ich, dann sollte man den Restkohl un!-be!-dingt! in den hier näher beschriebenen „Kohlpott Afrika" umwandeln. Auch wenn die Zutatenliste sich ein wenig eigentümlich liest (Kohl? Erdnussbutter? ORANGENSAFT?!), ist das Ergebnis absolut köstlich. Man sollte sich nicht vom ersten Probierlöffelchen abschrecken lassen – anfänglich ergibt der Fruchtsaft mit dem Gemüse, den Gewürzen und vor allem dem Kohl eine komische Geschmackskombi im Mund. Aber wenn der Pott ein wenig durchgezogen ist, wird's total harmonisch am Gaumen und das Gemüse wird sämig und crämig. Mit ä.

- ½ Weißkohl (ca. 400-430 g)
- 2 mittelgroße Möhren
- 1 rote Zwiebel
- 2 EL Raps- oder 1 EL Kokosöl
- 1 EL Senfkörner
- 1 EL Kreuzkümmelsamen
- 250 ml Gemüsebrühe (bzw. 250 ml Wasser und 1 EL Gemüsebrühepulver)
- 1 rote Spitzpaprika
- 1 Dose Mais (250 g Abtropfgewicht)
- 1 Dose Kidneybohnen (285 g Abtropfgewicht)
- 1 Dose gestückelte Tomaten
- 4 EL Erdnussbutter oder -mus
- 1 TL Cayennepfeffer (oder 1 kleine rote Peperoni), Salz
- 250 ml Orangensaft
- geröstete Erdnüsse zum Bestreuen

Den Weißkohl in zarte Streifen schneiden und die Möhren in eine Form nach Wahl bringen (ich schneide sie einfach in Stücke, das hat sich bewährt).

Raps- oder Kokosöl in einem Topf erhitzen, die gewürfelte Zwiebel, Senfkörner und Kreuzkümmelsamen kurz darin anrösten (Vorsicht, die Senfkörner fangen an zu springen, wenn sie heiß werden – also Obacht beim Topfgucken, sonst hopst einem am Ende ein hitziges Senfkörnchen ins Auge.)

Kohl und Möhren zugeben, kurz anschwitzen lassen, mit der Gemüsebrühe aufgießen und ein wenig köcheln lassen (ca. 5 Minuten, so genau kommt's nicht drauf an). Die Paprika putzen und in Stücke schneiden, Mais und Bohnen in ein Sieb abgießen, kurz abspülen und zusammen mit den Paprikastücken in den Kochpott geben. Dosentomaten und Erdnussbutter zugeben, mit Cayennepfeffer und Salz abschmecken und ca. 10 Minuten köcheln lassen. Zum Schluß den Orangensaft zugeben, kurz aufkochen lassen, gründlich durchrühren und ggf. noch ein wenig nachwürzen.

Dieses Gemüse schmeckt ganz wunderbar zu Reis, Nudeln, Kartoffeln, Couscous oder Quinoa.

Insterburg & Co //
Afrika

SPAGHETTI AGLIO E OLIO

(ca. 2 Portionen)

Und nach der ganzen verrückten Herumkohlerei gibt es jetzt mal ein Rezept, das in Einfachheit (aber auch in „Leckerlischkeit") kaum zu toppen ist.

Am allerliebsten sind mir ja die Gerichte, die sozusagen "von Haus aus" schon ohne Fleisch und Milch auskommen, wo man nix durch irgendwas ersetzen muss und wo es nichts weiter braucht als ein paar wenige gute Zutaten und Kräuter. Der absolute Klassiker unter diesen "Easy-Peasy-Vegan"-Gerichten sind Spaghetti aglio e olio.

Eigentlich braucht es zwar für „Pasta mit Knoblauch und Öl" nicht zwingend ein Rezept. Aber oft sind es ja gerade die einfachen Gerichte, an die man oft im Koch-alltag nicht denkt und deswegen bekommen die Spaghetti hier im Buch auch ihren Platz. Und jetzt alle: „Aaaaah!" (glio) und „Oooooh!" (lio).

Und auch wenn ich öfter für „Mut zur Lücke" plädiere, wenn irgendeine be-nötigte Zutat gerade nicht zur Hand ist – auf die Zitronenscheiben sollte hier auf keinen Fall verzichtet werden.

- 250 g Spaghetti
- 100 ml Olivenöl
- 5 Knoblauchzehen
- 4 dünne Scheiben Bio-Zitrone
- ¾-1 TL Meersalz
- ½-¾ TL Chiliflocken
- 2 TL TK-Petersilie, gehackt (frisch geht natürlich auch!)

Die Spaghetti nach Packungsanweisung bissfest kochen und abschütten. Knoblauch schälen und in dünne Scheiben schneiden, die Zitronenscheiben vierteln. Das Öl in einer großen Pfanne erhitzen und Knoblauch und Zitrone andünsten (Knoblauch darf gerne leicht anbräunen). Chiliflocken, Petersilie und Salz zugeben, Pasta kurz in der Pfanne im Knoblauchölbad schwenken, alles zusammen in eine große Schüssel geben oder auf 2 Teller aufteilen, servieren und ratzekahl aufessen.

TIPP:

In den Resten des Knoblauchöls in der Pfanne könnte man noch ein wenig altbackenes Brot rösten und hat somit gleich ein paar würzige Croutons für die Salatschüssel.

Antiheld //
Wenn die Welt brennt

Fruchtig-scharfes Apfelcurry

(ca. 2 Portionen)

Ich bin nicht nur bekennender Fan von heimischem Obst, sondern auch von scharfen Currygerichten in allen Variationen. Mit diesem Gericht lassen sich beide Vorlieben vortrefflich verbinden.

Wem das Curry mit Äpfeln geschmeckt hat, der darf auch gerne etwas mutiger werden und sie je nach Obstsaison durch Birnen oder Pflaumen ersetzen. Und wer geschmacklich vollkommen eskalieren will, ersetzt die Äpfel durch die gleiche Menge (und jetzt haltet euch fest!) - Rhabarber. Das mag eigentümlich klingen, aber die leichte Säure mit den scharfen Gewürzen ergibt eine wirklich köstliche Gaumenkirmes und ist unbedingt einen Versuch wert. Zudem gehört Rhabarber botanisch gesehen zum Gemüse – und das ist eine wunderbare Legitimation, um ihn auch mal herzhaft zuzubereiten.

- 2-3 EL geschmacksneutrales Pflanzenöl (z.B. Rapsöl mit Buttergeschmack)
- 1 Zwiebel
- 1 Knoblauchzehe
- 1 mittelgroße Möhre
- 1 Stange Lauch
- 1 TL Kurkuma
- 1 TL Kreuzkümmelsamen
- 1 großer Apfel, 150-200 g (am besten eine festere, säuerliche Sorte)
- 75 g rote Linsen
- 1 Dose Tomaten, gestückelt
- 200 ml Hafersahne
- 1 TL Salz
- 1 (bzw. ½) gestr. TL Cayennepfeffer
- 1 (bzw. ½) gestr. TL schwarzer Pfeffer
- 1 EL gehackter Koriander (hier: aus der Tiefkühltruhe)

Zuerst den Apfel halbieren, Kerngehäuse entfernen und in kleine Stücke schneiden. Zwiebel und Knoblauch schälen, dann die Zwiebel würfeln und den Knoblauch wahlweise durch die Presse jagen oder ebenfalls fein würfeln.

Die Möhre ggf. schälen und in dekorative Scheibchen schnitzen. Das Öl in einem Topf erhitzen und Zwiebeln, Knoblauch und Möhre ein paar Minütchen darin anschwitzen. Die Kreuzkümmelsamen und das Kurkuma zugeben und kurz mit anbraten.

Den Lauch putzen, in Streifen schneiden und ebenfalls in den Topf schubsen. Mit Tomaten und Hafersahne aufkochen und ebenfalls wenige Minuten sanft blubbern lassen. Apfelstücke und Linsen zugeben und so lange köcheln lassen, bis die Linsen weich sind. Mit den Gewürzen abschmecken, Koriander unterrühren – und servieren!

Ein Wort zur Schärfe

Ich persönlich esse gerne sehr, sehr scharf... und mit den o.g. Mengenangaben der Gewürze wird das Curry tatsächlich ziemlich hitzig am Gaumen. Wer in dieser Hinsicht empfindlicher ist oder „chön charf!" nicht so gerne mag, sollte sich erstmal mit weniger Pfeffer rantasten.

Foy Vance //
She Burns

How to be (beinahe) good

Die Geschichte von der Linsenbolognese –
und wie ich versuchte, ein guter Mensch zu sein

Mit dem folgenden Rezept ist in meinem Kopf (vermutlich auf Lebenszeit) ein Zeugnis meiner eigenen Charakterlosigkeit verknüpft. Denn eigentlich wäre ich total gerne so ein richtig, richtig guter Mensch. Einer von der Sorte, der immer hilft wo er kann, Freunde und andere Mitmenschen öfter mal mit kleinen Gesten oder Geschenken erfreut und stets ein aufmerksames Auge für die Probleme seiner Mitmenschen hat.

Jemand der Sonne in die Welt bringt. Sowas eben.

In der Realität verdrehe ich allerdings meistens total entnervt die Augen, wenn mich jemand um Hilfe bei einem Umzug bittet oder fragt, ob ich mal ein paar Tage auf die Katze aufpassen kann. Es kann auch durchaus vorkommen, dass ich innerlich laut stöhne, wenn mir jemand von seinen Sorgen erzählt und mein hirneigenes Ego-Monster „Muss ich mich eigentlich um JEDEN Scheiß kümmern?" flucht, statt aufmerksam zu lauschen und tröstende Taschentücher anzureichen. Meistens vergesse ich Geburtstage oder sonstige Ehrentage – und wenn ich tatsächlich mal ein kleines Geschenkchen oder eine Postkarte ershoppe, um damit einem lieben Menschen 'ne Freude zu machen, vergesse ich die Sachen oft unter dem Autositz und finde sie erst nach Monaten wieder. Was mich aber nicht davon abhält, es zumindest immer wieder zu versuchen. Ist wie beim Sport. Man muss halt dranbleiben beim Training.

Und ein Topf voller leckerer Linsenbolognese sollte einst so eine Trainingseinheit für mich sein.

Zu dieser Zeit wurde eine liebe Freundin von mir von ihrem Job regelrecht aufgefressen, mit stressigen 12-14-Stunden-Tagen und unplanbaren Feierabenden. Als ich an jenem Abend im Supermarkt stand und mir die Zutaten für mein Abendessen zusammenraffte, dachte ich so bei mir, dass es doch eine bewundernswert großherzige Geste wäre, wenn ich heute einfach mal für sie mitkoche. Stressbedingt waren nämlich Fertiggerichte und Frustfraß-Süßkram zu der Zeit ihre einzige Nahrungsquelle. Da würde doch so ein frischer Pott Linsenbolognese wie ein Geschenk des Himmels daherkommen und Balsam für Seele und Magen sein. Also – da konnte sie aber schon froh sein, dass sie so 'ne herzensgute fürsorgliche Freundin wie mich hat, finde ich.

Während ich so am Herd stand und vor mich hinköchelte, freute ich mich schon wie Bolle auf die Überraschung und bewunderte mich selbst mächtig für meine Fürsorglichkeit. Vor meinem inneren Auge umgab mich ein schillernder Heiligenschein. Sankt Martin ist ein Mückenschiss gegen mich, damit das klar ist.

Ich entsandte eine kurze „Meld' dich mal kurz, wenn du Feierabend machst"-Nachricht auf das Smartphone meiner gebeutelten Freundin, schaufelte mir eine große Portion des fertigen Linsengerichts auf den Teller und mampfte selbstverliebt vor mich hin. Hach. Lecker. Das würde ihr schmecken. Und gut tun. Was bin ich doch für eine Bilderbuch-Freundin.

Als eine halbe Stunde später noch keine Antwort einging, tunkte ich erneut den Löffel in die noch warme Bolognese. Hach, lecker. Noch'n Löffelchen für Mutti, ein Löffelchen für Vati... die meiner Freundin zugeteilte Portion wurde immer kleiner, je mehr Zeit verging – aber man soll ja eh so spät abends nicht mehr so viel essen, das liegt nur schwer im Magen und behindert den Nachtschlaf. Und es ist doch die Geste, die zählt.

Als kurze Zeit später mein Handydisplay blinkte und „Hab' jetzt Feierabend und bin auf dem Weg nach Hause, was ist denn?" verkündete, war ich gerade dabei, den letzten Rest Bolognese aus dem Topf zu kratzen. Beschämt zuckte ich zusammen und beanwortete die Nachricht mit einem knappen „Wollte dir nur 'nen schönen Abend wünschen. Halt' die Öhrchen steif!", garniert mit einem motivierenden Zwinkersmiley. „Danke, das ist lieb" folgte prompt. Und mir kroch die Schamesröte über die Ohren.

Wie peinlich. Wenn DIE wüsste. Naja, zum Glück wusste sie ja nicht.*

Peinlich berührt von meinem Versagen in Sachen Hilfsbereitschaft stellte ich den ratzeputz leergefressenen Pott der Schande in die Spülmaschine.

In Sachen Guter-Mensch-Sein ist bei mir wohl noch mächtig viel Luft nach oben.

Aber – ich bleib' dran.

Für alle, die es besser machen wollen – hier kommt das Rezept für eine wirklich leckere und einfache Linsenbolognese, zum Alleine-Essen oder zum Teilen.

*Durch die Veröffentlichung dieser Geschichte hat sie inzwischen natürlich von meinem wenig ehrenhaften Verhalten erfahren und begrüßt mich seitdem öfter mal mit einem spöttischen „Frau Mohr, du schuldest mir noch 'ne Linsenbolo!"
Und ja, ich hab's verdient.

LINSENBOLOGNESE

(ca. 4 Portionen)

- 1 Zwiebel
- 1 große Möhre
- 2-3 Stangen Bleich- bzw. Stangensellerie
- 500 ml Wasser oder Gemüsebrühe
- 200 g rote Linsen, getrocknet
- 3-4 EL Tomatenmark
- 1 Dose gestückelte Tomaten
- Pfeffer, Salz, Kräuter
- Olivenöl
- falls nötig, etwas Speisestärke zum Binden

Sister of Mercy //
Marian

Zwiebel, Möhren und Sellerie würfeln und im Olivenöl anbraten. Tomatenmark unterrühren und kurz mitbrutzeln. Mit Wasser oder Gemüsebrühe aufgießen und Linsen zugeben. Die Dosentomaten einrühren, alles kräftig mit Salz, Pfeffer und Kräutern (Thymian, Rosmarin, Oregano, Basilikum) würzen und ca. 25 Minuten köcheln lassen, bis die Linsen weich und die Soße lecker schlotzig ist. Falls die Soße etwas sämiger gewünscht wird, ca. 1 Teelöffel Speisestärke einrühren und kurz aufköcheln lassen.

Den Sugo über die Spaghetti geben und mampfen. Piffpaff, fertig ist die Kiste. Na, ist das einfach oder ist das einfach? Genau. Einfach. Sag ich doch.
Mit gerösteten Sonnenblumenkernen bestreut schmeckt die Bolo nochmal so gut.

NOCH WAS ÜBRIG? – MACH LINSENSUPPE!

Wer keine 4 hungrigen Mäuler zur Verfügung hat und als Konsequenz nicht 4 Tage in Folge Nudeln mit Soße essen möchte, kann die Bolo einfach mit ein wenig Wasser verdünnisieren, eine oder zwei Tofuwürste reinschnippeln und das Ganze mit etwas Brot als Linsensuppe weglöffeln.

Ashwani & Heinrich
Rote-Bete-Curry mit Kokos-Kartoffelpüree
(ca. 2-4 Portionen)

„Na großartig, das Gericht hat einen total bescheuerten Namen, die Zutaten passen irgendwie überhaupt nicht zusammen und es sieht aus wie Matschepampe!"

Ruhig Blut – und am besten erstmal ausprobieren. Die Kombination von Roter Bete, Kartoffeln, Kokosmilch und exotischen Gewürzen schmeckt viel stimmiger, als man im ersten Moment denken mag – und wenn man das Ganze dann noch „Fusionfood" statt „Zusammenschmeißen vermeintlich unharmonischer Zutaten" nennt, ist es auch gleich voll hip.

Die Idee für dieses Gericht hatte ich nach der Heimkehr von meiner Asienreise. Mein Papa hat mir einen Korb frischer Roter Bete aus dem eigenen Garten gebracht („damit datt Kind mal watt Ordentliches isst!") und auf einem Markt in Sri Lanka hatte ich Kreuzkümmelsamen gekauft. „Ashwani" ist ein weiblicher Vorname auf Sri Lanka, der repräsentiert also den exotischen Teil des Gerichts – und „Heinrich" natürlich den bodenständigen, deutschen Kartoffel-Part. Und – es ist WIRKLICH gut!

Ladies first – Ashwani

- 1 große Rote Bete (ca. 750 g mit Schale)
- 1 EL Kokosöl
- 1 TL Senfkörner
- 1 TL Kreuzkümmelsamen
- 1 rote Zwiebel
- 1-2 Knoblauchzehen
- 1 rote Chilischote (oder ca. ¾-1 TL getrocknete Chiliflocken)

- 100 ml Kokosmilch
- ¾-1 TL Salz
- ½ TL Zimt
- ½ TL Kurkuma
- 1 TL Limettensaft

Rote Bete schälen und in feine Würfel schneiden (dabei unbedingt Handschuhe tragen, wenn man keine roten Hände als bleibende Erinnerung haben möchte.

Das Kokosöl in einem Topf erhitzen, bis es flüssig ist und die Senfkörner und Kreuzkümmelsamen kurz darin anrösten (dieses Prozedere kennt der geneigte Kochbuchleser ja schon vom nussigfruchtigen Kohlpott). Zwiebel und Knoblauch schälen, Zwiebel würfeln und Knoblauch durch die Knoblauchpresse jagen. Beides zu den Gewürzen im Topf geben und andünsten.

Die Chilischote entkernen, fein würfeln und zu der Zwiebel-Knobi-Mischung hüpfen lassen. Nach 1-2 Minuten die Rote-Bete-Würfel zugeben und alles zusammen ca. 10 Minuten brutzeln lassen. Mit Kokosmilch aufgießen und auf kleiner Flamme ca. 15 Minuten köcheln, bis die roten Würfelchen gar, aber bissfest sind.

Mit Salz, Zimt, Limettensaft und Kurkuma abschmecken und noch ein paar Minuten durchziehen lassen.

Und nun – Heinrich Ahoi!

(Kann man natürlich parallel zu Ashwani zubereiten, ich bin allerdings nicht so multitaskingfähig und lasse dann gerne mal eine der beiden Komponenten anbrennen oder verköcheln.)

- 1 kg Kartoffeln (mehligkochend)
- 250-300 ml Kokosmilch (je nachdem wie fest oder cremig man sein Püree mag)
- 1 TL Salz
- 1 Prise Muskat
- 2 EL Rapsöl mit Buttergeschmack oder 1 EL Kokosöl

Zuerst werden die Kartoffeln geschält, gewürfelt und in reichlich Wasser weich gekocht. Dann das Wasser abschütten und die Kartoffeln zerstampfen. Kokosmilch einrühren, mit Salz und Muskat abschmecken, noch einmal kurz aufblubbern lassen und zusammen mit dem Rote-Bete-Curry anrichten (ggf. mit Kokosraspeln oder Minzblättchen garnieren), servieren und aufessen.

Und wenn sie nicht gefressen wurden, leben sie noch... ach, dazu wird's nicht kommen. Dazu ist das Gericht einfach zu lecker.

Die o.g. Menge füttert 3-4 Menschen satt. Ich selbst als bekennende Monsterportionen-Verschlingerin kann das Ganze aber auch durchaus in zwei Anläufen vernichten. Für 2-Personen-Haushalte, die keinen aufgewärmten Kartoffelbrei mögen, empfiehlt es sich, einfach die halbe Menge „Heinrich" zu kochen und den Rest des Rote-Bete-Currys am nächsten Tag mit Reis oder Naan-Brot zu futtern.

Tipp zur Dosierung von Kokosmilch:

Bei Kokosmilch in der Dose (gerade bei Bio-Milch ohne Bindemittel) setzt sich ja oft das Kokosfett oben ab und 100 bzw. 300 ml abzumessen gestaltet sich so etwas schwierig. Ich stelle die Dose eine kurze Zeit in eine Schüssel/Topf mit heißem Wasser, dann wird das harte Kokosfett fix flüssig und die Milch kann kurz durchgerührt und prima verteilt werden.

Slime //
Sein wie die

Im Suppentopf

Zur Einstimmung auf das nachfolgende Kapitel stelle man sich einen dieser grauen nieseligen Herbstage vor, an denen sich das Gemüt mit den Nebelschwaden um die Wette nach unten drückt. Nachdem man sich trübselig durch den Tag gefröstelt hat, schlurft man stoßseufzend ins traute Heim – und findet auf seinem Herd einen großen Kessel mit dampfender Suppe.* Aaaah... wunderbar! Köstlich! Wohltuend!

Für mich gibt es (neben Schokolade) keinen besseren Seelentröster als eine deftige, heiße Suppe, gerne auch richtig scharf und würzig. Suppe stopft Löcher im Gemüt, da kommen tröstende Worte erst gar nicht hin.

In diesem Kapitel findet ihr einige meiner Lieblings-Seelenschmeichler in flüssiger Form, die aber auch bei strahlender Laune und gutem Wetter ganz hervorragend schmecken.

*) bei Licht betrachtet ist die Vorstellung, vollkommen ÜBERRASCHEND eine frischgekochte Mahlzeit auf dem heimischen Herd vorzufinden, von deren Existenz man keine Ahnung hatte, zwar irgendwie befremdlich, aber das verbuchen wir einfach mal unter schriftstellerischer Freiheit.

13

Türkische Linsensuppe

(ca. 4 Portionen)

Diese Suppe war das Allererste, was ich an Silvester kurz nach Mitternacht im neuen Jahr 2024 in mich hineingelöffelt habe. Und nachdem ich mehrfach ekstatisch (und leicht bierselig) „Das ist die BESTE Suppe, die ich in diesem Jahr gegessen habe!" gequietscht habe, darf das Rezept auch das Suppenkapitel eröffnen. Da sie nicht nur superlecker, sondern mit Hülsenfrüchten und Gemüse auch sehr pur und gesund ist, passt die Suppe zudem auch ganz hervorragend zu den handelsüblichen guten Vorsätzen, die man sich gemeinhin zum Jahreswechsel auf die Fahne schreibt. Mehr Gemüse, weniger Zucker, mehr Sport, mehr positive Gedanken... ihr wisst schon.

Reste lassen sich übrigens wunderbar einfrieren.

- 2 EL Olivenöl
- 1 Zwiebel
- 2 Knoblauchzehen
- 1 große Möhre (ca. 150 g)
- 1 große Kartoffel (ca. 200 g)
- 1 rote Spitzpaprika
- 300 g rote Linsen
- 1,5 Liter Wasser
- 1 schwach gehäufter EL Gemüsebrühe-Pulver
- ½ TL Salz
- ½ TL schwarzer Pfeffer (evtl. mehr, wenn man mag)
- 1 gestr. TL Kreuzkümmel
- 1 Bio-Zitrone
- 2 EL Olivenöl
- 2 TL Chiliflocken
- wer mag: etwas gehackte (frische) glatte Petersilie, Minze oder Koriander

Zwiebel, Knoblauch und die Kartoffel schälen und würfeln und auch Möhre und Paprika in Stücke schneiden. Hier muss die Form nicht akkurat und geometrisch sein – es wird ja am Ende ohnehin alles zusammenpüriert. Also beherzt voran und Schnippelmesser ahoi!

Das Olivenöl erhitzen und den geschnippelten Gemüsezirkus darin für ein, zwei Minuten anschwitzen. Die Linsen mit Wasser abspülen, zum Schwitzgemüse in den Topf schubsen, mit Wasser und Brühepulver aufgießen und ca. 25-30 Minuten köcheln lassen. Dabei öfter mal umrühren, damit nix am Boden ansetzt.

Wenn alle Ingredienzen wunderbar weich sind, wird das gute Süppchen mit den Gewürzen abgeschmeckt und mit dem Stabmixer gründlich püriert.

Die Chiliflocken mit dem Olivenöl verrühren und die Zitrone in Spalten schneiden. Wenn man die Linsensuppe zum Servieren in einen Teller gegeben hat, wird sie mit etwas Chili-Öl und ein paar Spritzern Zitronensaft beträufelt. Wer möchte, kann auch noch ein wenig gehackte frische Kräuter (s.o.) darüberstreuen. Und dann – loslöffeln!

„Leckofatz – das ist die BESTE Suppe, die ich in diesem Jahr gegessen habe!"

Sag' ich doch.

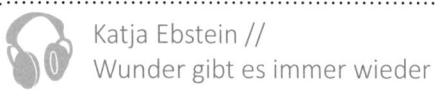

Katja Ebstein //
Wunder gibt es immer wieder

MÖHRIG-LAUCHIG-KARTOFFELIGE CREMESUPPE
(ca. 2 Portionen)

Horrido! Eine gemüsige Cremesuppe ganz ohne Sahne! Aber bevor man sich vor Freude den kalorienbewussten Ranzen reibt, werfe ich noch schnell „Aber mit Cashewmus!" ein. Nicht, dass am Ende noch ein Kaloriendefizit entsteht!

Die Suppe ist zwar ratzfatz geköchelt und kommt ohne allzu luxuriöse Zutaten aus, könnte aber durch ihre feine Creme-Konsistenz und mit ein bisschen Optik-Chichi durchaus der Auftakt eines festlichen 3-Gänge-Menüs sein. Wenn man statt des Zitronensaftes einen Schuss Weißwein verwendet und die Suppe mit frischem Schnittlauch garniert, könnte man die Tellerchen durchaus mit arrogantem Gesichtsausdruck als "Edles Kartoffelcremesüppchen an Frühlingsgemüse" servieren. Wenn man denn möchte.

- 150 g Kartoffeln
- 1 Zwiebel
- 500 ml Wasser
- 1 Knoblauchzehe
- 1 mittelgroße Möhre (ca. 150 g)
- 150 g Lauch
- 50 g Cashewmus (weißes Mandelmus geht auch)
- 2 TL Dijonsenf (ja, die Suppe wird nach Senf schmecken! Wer das nicht so mag, nimmt halt nur 1 oder ½ TL)
- 1 EL Rapsöl mit Buttergeschmack
- 1 TL Salz
- 1 TL Zitronensaft
- ½ TL Schwarzer Pfeffer
- Paprika und Cayennepfeffer nach Geschmack

Möhren und Kartoffeln sind ohne Schale und der Lauch bereits fertig geputzt in die Waage geklettert, sprich: Das o.g. Gewicht gilt für geschältes Gemüse. Aber auf ein paar Gramm mehr oder weniger kommt's ohnehin nicht an.

Lauch und Möhren putzen. Den Lauch in feine Streifen schneiden, die Möhre der Länge nach halbieren und ebenfalls in möglichst dünne Scheibchen schneiden. Das Öl in einem Topf erhitzen, Möhren nebst Lauch darin ca. 8 Minuten unter Rühren andünsten, umfüllen und beiseite stellen.

Zwiebel, Knoblauchzehe und Kartoffeln schälen und in kleine Stücke schneiden. Zwiebel und Knoblauch kurz im Pott andünsten (evtl. noch ein bisschen Öl zugeben), die Kartoffelstücke dazu schubsen und mit Wasser aufgießen. Ca. 15 Minuten köcheln, bis die Kartoffeln weich sind. Dann Cashewmus, Zitronensaft, Senf und Gewürze zugeben und das Ganze mit dem Pürierstab zu einer cremigen Suppe verzaubern. Zum Schluss das bereits vorab gedünstete und beiseite gestellte Möhren-Lauchgemüse zugeben und kurz im leise wabernden Süppchen wieder erhitzen.

Sondaschule //
Schere, Stein, Papier

15 Graupensuppe im Orientgewand

(ca. 3-4 Portionen)

40 Jahre lang war das Wort „Graupen" für mich gleichbedeutend mit „Grauen", denn ich kannte die polierten Gerstenkörner nur als verkochten, pampigen Graupen-Eintopf aus Kindertagen, den ich persönlich ziemlich fies fand. Dermaßen graupentraumatisiert fanden die weißen Körnchen lange, lange Zeit keinen Weg in meine Kochtöpfe.

Aber irgendwann fand ich Graupen dann irgendwie doch ganz cool, weil sie heimisch und preiswert sind und grundsätzlich supervielseitig zu verwenden sind. Und inzwischen weiß ich auch, dass die Körnchen durch Stärkereste beim Kochen schlotzig werden (der Graupenhasser an sich spricht hier auch gerne von „schleimig" und guckt dabei angeekelt in die Luft). Wer das nicht mag, kann die Graupen einfach vor der Verarbeitung mit kochendem Wasser übergießen, abspülen und weg ist die Stärke und mit ihr jede Schleimigkeit.

Heute kommen die polierten Gerstenkörnchen mal in einem exotisch angehauchten Eintöpfchen zu ganz neuen Ehren, das so gar nix mit dem Suppenfleisch-Pampgemüse-Drama meiner Kindheit zu tun hat.

- 2 rote Zwiebeln
- 1 große Möhre
- 1 rote Peperoni
- 1 EL Kokosöl
- 1 EL Kurkuma
- 1 TL Kreuzkümmelsamen (oder -pulver)
- 150 g Graupen, grob
- 150 g rote Linsen
- 2 EL frischer Koriander
- 1 Liter Wasser (Obacht - das Wasser wird in 2 Arbeitschritten zugegeben!)

- 1 Dose Kokosmilch (400 ml)
- 2 TL Gemüsebrüh-Pulver
- 1 TL Salz
- evtl. Chiliflocken oder Cayennepfeffer

Die Zwiebeln schälen, fein würfeln und in heißem Öl glasig anschwitzen. Kurkuma und Kreuzkümmel untermengen, Graupen zugeben, kurz dünsten und mit 500 ml Wasser ablöschen. 2 TL Gemüsebrühe einrühren und ca. 10 Minuten leise köcheln lassen. Möhre schälen und würfeln, Peperoni in Streifen schneiden, zusammen mit den Linsen, Kokosmilch und den restlichen 500 ml Wasser zufügen und zusammen ca. 15 weitere Minuten gar köcheln lassen. Mit Salz abschmecken, gehackten Koriander unterrühren – je nach Schärfegrad der Peperoni und persönlichem Scharf-O-Meter noch ein wenig Chiliflocken oder Cayennepfeffer zugeben und servieren.

Beim Erkalten neigt die Suppe ziemlich zum „Nachpampen", also muss beim erneuten Aufwärmen noch ein wenig Wasser untergerührt werden – oder man isst übrig gebliebene Suppe einfach als dickes, sämiges „Graupencurry" mit Brot.

Einige Supermärkte führen nur „mittelgrobe" Graupen – die kann man natürlich auch nehmen. Aber ich mag die groben lieber, da wird man notfalls im Bioladen oder türkischen Supermärkten fündig.

Teluxe //
Eigentor

RUCOLA-CREMESÜPPCHEN

(2 Portionen)

Die Idee zu diesem kermitfarbenen Süppchen entstand, als ich im Gemüsefach ein vergessenes Bündelchen Rucola vorfand, dass inzwischen eindeutig zu schlapp für einen knackigen Salat, aber deutlich zu vital zum Wegwerfen war. So bekam das aromatische Grünzeug dann noch einen charmanten großen Auftritt, der sich – wie ich finde – ziemlich gut als Vorspeise eignet.

- 1 Zwiebel
- 1 Knoblauchzehe (oder 1 schwach gehäufter TL granulierter Knoblauch)
- 3 EL Rapsöl (ich mag am liebsten die Variante mit Buttergeschmack)
- 350 g Kartoffeln (vorwiegend festkochend)
- 500 ml Gemüsebrühe
- 140 g Rucola
- 200 ml Hafersahne (oder andere pflanzl. Variante)
- Salz, Pfeffer, Muskat
- 1/2 EL Würzhefeflocken (optional)

Zuerst heißt es bei Zwiebel, Knoblauch und Kartoffeln: Runter mit dem Schalenkleid! Zwiebel und Knoblauch werden in kleine, die Kartoffeln in größere Würfel geschnitten (wobei die Form grundsätzlich eh wurscht ist, am Ende wird ja ohnehin püriert.)

Danach das Öl in einem Topf erhitzen und erst Zwiebel- und Knoblauchwürfel andünsten, dann die Kartoffeln zugeben und kurz mitschwitzen lassen, dann Gemüsebrühe aufgießen und zugedeckt 10-15 Minuten blubbern lassen, bis die Kartoffeln weich sind.

Den Rucola waschen (wer mag, kann ein paar besonders wohlgewachsene Blätter zur Deko auf Seite legen) und grob hacken. Auch die Stiele des Grünzeugs dürfen ruhig gehackt mit in die Suppe wandern, nur nix verkommen lassen!

Nun folgt das Finale: Rucola und Hafersahne in den Suppentopf geben und gründlich pürieren, aufkochen lassen und mit den Gewürzen abschmecken.

Wer mag, kann final noch die o.g. Würzhefeflocken unterrühren, um einen leicht würzig-salzigen Geschmackshauch zu zaubern, aber das Süppchen schmeckt auch ohne. Man muss also nicht extra losspurten, um Hefeflocken zu ershoppen.

Zum Schluss tut man mit dieser Suppe das, was man eben mit Suppe tut – auf zwei Teller verteilen und loslöffeln.

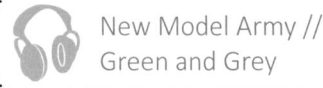
New Model Army //
Green and Grey

17

HIKUMIKU-SUPPE

(ca. 2-3 Portionen)

Der Name dieser Suppe klingt zwar etwas befremdlich – aber ich kann das erklären: Mein Papa hat mir mal stolz erzählt, dass er nun auch „diese Hikumiku-Kürbisse" im Garten hat. Das fand ich so goldig, dass ich das Wort „Hokkaido" seitdem fast ganz aus meinem Kopf gestrichen habe und nur noch „Hikumiku" verkoche. Und jedes Mal gibt's ein breites Grinsen gratis dazu.

Man sollte sämige, breiartige Eintöpfe mögen oder besser die Löffel von dieser „Hikumiku"-Suppe lassen. Ich finde gerade an kalten Tagen ihre Babybrei-Konsistenz irgendwie tröstlich und wärmend. Durch die Chili und den Ingwer ist die Suppe zudem noch ein Erkältungskiller. Wer mag, kann auch noch 1 Zehe Knoblauch zufügen – die tolle Knolle ist ja auch ein Viren-Schreck und hält einem zudem noch Leute vom Hals, die einen mit 'ner Erkältung anstecken könnten.

- 350 g Hikumiku-Kürbis (ohne Kerne gewogen), grob zerteilt (selbstverständlich ist Hokkaido-Kürbis gemeint. Ich sach' ja nur...)
- 250-300 g Kartoffeln (ohne Schale gewogen) – unbedingt eine festkochende Sorte verwenden, sonst wird's selbst für meinen Geschmack zu pampig
- 150 g rote Linsen
- 1 rote Zwiebel
- 1 Stück Ingwer (ca. 15-20 g)
- 1 rote Peperoni
- 1 Dose Kokosmilch (400 ml)
- ca. 400 ml Wasser
- 1 EL gekörnte Gemüsebrühe
- Gewürze nach Wahl – ich gebe meistens je nach Laune noch ein wenig Salz und schwarzen Pfeffer dazu, ein wenig Kreuzkümmel, ggf. noch ein paar Chiliflocken, Curry, Kurkuma und eine Spur Zimt
- 1 EL Kokosöl zum Andünsten

Zwiebel und Ingwer schälen und fein würfeln, die Peperoni entkernen und in Streifen schneiden. Kokosöl im Topf erhitzen und Zwiebel, Ingwer und Peperonistreifen darin andünsten.

Hikumiku (höhö) und Kartoffeln würfeln, mit in den Topf schubsen, kurz andünsten und mit Wasser und Gemüsebrühe-Pulver aufgießen. Das Ganze ca. 15 Minuten köcheln lassen, dann die roten Linsen und die Kokosmilch zugeben und weitere 15 Minuten köcheln, bis Linsen, Kartoffeln und Hikumiku weich sind.

Mit den Gewürzen abschmecken und ggf. kurz mit dem Pürierstab durch den Topf huschen. Wer's pampiger mag, kann auch den gesamten Topfinhalt pürieren – oder den Pürierstab einfach in der Schublade lassen, wenn man eine stückigere Suppe haben möchte. Natürlich darf auch etwas Wasser nachgegossen werden, wenn man's insgesamt zu breiig findet.

Skunk Anansie //
Hedonism

18

PASTELL-WINTERGEMÜSESUPPE

(ca. 4 Portionen)

Diese leckere Gemüsesuppe hat gleich ein paar Asse im Ärmel, bzw. im Pott. Zum einen schmeckt sie allerköstlichst, was ja ohnehin das Wichtigste ist, zum anderen paddeln dort jede Menge regionaler Wintergemüse-Sorten drin herum, die den ökologischen Fußabdruck (zumindest in der kalten Jahreszeit) eher zierlich ausfallen lassen. Außerdem bekommt sie durch die rote Bete eine ganz entzückende, zartrosa Pastellfarbe, bei der zumindest optisch schnell Frühlingsgefühle auflodern.

Gebratenen Räuchertofu als Einlage mag ich sehr gerne, weil er dem Ganzen noch mehr deftigen Biss und kräftiges Aroma gibt. Wer ihn weglassen möchte, sollte die Suppe aber insgesamt großzügiger würzen und ggf. ein paar Tröpfchen Liquid Smoke oder geräuchertes Paprikapulver verwenden.

Wie fast alle Suppen und Eintöpfe schmeckt auch der pastellige Wintergemüsetopf am besten, wenn er ein bisschen durchgezogen ist und erneut aufgewärmt wurde – und da dieses Rezept wirklich eine große Portion ergibt, hat man dazu auch reichlich Gelegenheit.

- 1 rote Zwiebel
- 1 kg Kartoffeln, vorwiegend festkochende Sorte (mit Schale gewogen)
- 2 große Möhren (ca. 300 g)
- 1 Knolle Rote Bete (ca. 250 g)
- ½ Knollensellerie (ca. 400 g)
- 1 fester, säuerlicher Apfel (z.B. Elstar)
- 2 EL Olivenöl
- 1,5 Liter Wasser
- 1 EL Gemüsebrüh-Pulver
- 2 TL Salz

- schwarzer Pfeffer
- 1 Bund Petersilie
- 1 EL Apfeldicksaft (oder Zuckerrübensirup)
- 150 g Räuchertofu (optional)

Zuallererst wird geschält und geschnippelt: Zwiebel, Kartoffeln, Möhren, Rote Bete und Sellerie schälen. Zusammen mit dem Apfel (der sein Schalenkleid aber anlassen darf, wenn er ein Bio-Äpfelchen ist) so klein wie möglich würfeln. Bei feineren Schnitzarbeiten verteilen sich die entsprechenden Aromen besser, ich mag das lieber.

Das Öl im Topf erhitzen und die Zwiebeln darin anschwitzen. Dann Kartoffel-, Rote Bete- und Selleriewürfel zugeben, kurz andünsten, mit dem Wasser aufgießen und mit Gemüsebrühe, Salz und Pfeffer würzen.

Insgesamt 10 Minuten köcheln lassen, dann Möhren zugeben, nochmal ein paar Minuten kochen, dann darf der Apfel dazu springen. Wenn alle Bestandteile bissfest bis weich geköchelt sind (die Wunsch-Konsistenz ist letztlich Geschmackssache), werden die gehackte Petersilie und der Apfeldicksaft untergerührt und nochmal kurz verblubbert.

Nun eine Schöpfkelle der Suppe rausnehmen, pürieren, und wieder unterrühren, das gibt der Suppe eine schöne Sämigkeit

Haben wir nicht noch etwas vergessen?

Ach ja, der Tofu. Der wird ebenfalls schick gewürfelt oder gestreifelt, separat in einer Pfanne in etwas Öl scharf angebraten und dann der fertigen Suppe untergejubelt.

MACH-MICH-GESUND-SUPPE

(1 Portion. Vielleicht auch 2 :)

Das Rezept für diese Suppe entstand aus einem weiteren Anfall von (versuchter) Gutherzigkeit (siehe hierzu die unrühmliche Geschichte der Linsenbolognese auf Seite 32). Eine Freundin war erkältet und ich hatte mir überlegt, was wohl alles in eine kräftespendende und erkältungsvirenvernichtende Suppe passen könnte, mit der ich sie wieder aufpäppeln könnte. Sauerkraut enthält Vitamin C, in Rote Bete wohnen Eisen und Folsäure, Kartoffeln und Möhren haben auch einige Vitamine und Mineralstoffe im Gepäck und zudem ist eine heiße Suppe sowieso unschlagbar bei Erkältungsgedöns. Ich meine... Suppe hilft ja irgendwie gegen alles.

- 1 Rote Bete, ca. 250-300 g
- 1 große Kartoffel (mehlig- oder vorwiegend festkochend)
- 1 große Möhre (ca. 100 g, mit Schale gewogen)
- 1 kleine rote Zwiebel
- 2 EL Olivenöl
- 1 Sternanis, 1 Lorbeerblatt
- 500 ml Wasser
- 1 EL gekörnte Gemüsebrühe (schwach gehäuft)
- 150 g Sauerkraut
- 1 EL Zuckerrübensirup
- Salz, schwarzer Pfeffer
- 1 EL gehackte frische Petersilie
- wer mag: 2-3 EL Pflanzensahne oder vegane Crème fraiche

Als Erstes wird alles, was an Gemüse für diese Suppe bereitliegt, am Schlafittchen gepackt. Zwiebel, Möhre, Rote Bete und Kartoffel schälen und würfeln. Öl in einem Topf erhitzen und die gemüsigen Würfelchen ein paar Minuten unter Rühren andünsten. Danach das Wasser aufgießen, die Gemüsebrühe einrühren,

Sternanis und Lorbeerblatt zugeben und kurz aufköcheln lassen. Nun den Topfinhalt ca. 20 Minuten bissfest weichkochen.

An dieser Station dürfen nun Sternanis und Lorbeerblatt aussteigen, dafür steigen das gehackte Sauerkraut und der Sirup zu. Alles gut verrühren, mit Pfeffer und Salz abschmecken und kurz köcheln lassen. Wer gerade ein wenig Sahne oder Crème fraiche griffbereit hat, kann davon etwas unterrühren, das macht eine hübschere Farbe und rundet alles noch leicht ab. Danach die Petersilie einrühren, den Löffel eintunken, probieren, begeistert „Aaaaah!" rufen und sich selbst erstmal eine große Schüssel der Suppe kredenzen.

Den Rest dann zur kranken Freundin bringen.

Man muss es ja mit der Gutherzigkeit nicht gleich übertreiben.

City & Colour //
Comin' Home

ERBSENSUPPE OHNE ZIPP & ZAPP

(ca. 4 Portionen)

Diese schlichte Suppe kommt vollkommen ohne Schnickes und Schnackes aus, enthält nur Gemüse und Kräuter und schmeckt nach Erbsen, Möhren, Kartoffeln und Petersilie - und sonst nach nix.

Ich finde das gerade großartig so. Aber wer es etwas deftiger möchte, kann natürlich ein paar Tröpfchen Liquid Smoke und/oder Räuchertofu zugeben - oder sich den puren Gemüsegeschmack nonchalant und überflüssigerweise durch Tofuwürstchen oder Speckimitat versauen.

Die Menge ergibt einen großen Pott und reicht auch bei mehreren Essern für einige Portionen, lässt sich aber auch einfrieren.

Und wer jetzt noch behauptet, tierfreies Essen sei ach!-so-irrsinnig kompliziert und teuer, der bekommt 'nen Teller heiße Suppe über'n Kopp gekippt.

Da kenn' ich ja nix.

- 1 große Gemüsezwiebel
- 1 EL Olivenöl
- 500 g grüne Schälerbsen, getrocknet
- 2,5-3 Liter Wasser + entsprechende Menge Gemüsebrühe (Würfel oder Pulver, was man halt gerade hat)
- 2 große Möhren
- 3 große Kartoffeln
- 1 Bund glatte Petersilie
- Salz, Pfeffer

Gemüsezwiebel in Würfel schneiden und in Olivenöl anbrutzeln, bis sie leicht bräunlich werden, dann mit Wasser aufgießen und Gemüsebrühe auflösen, die

Erbsen einrühren und zum Kochen bringen. Möhren und Kartoffeln schälen und in kleine Würfel schneiden und nach ca. 10 Minuten zu den Zwiebeln und Erbsen in den brodelnden Bottich geben. Nun den Hexenkessel ca. 1 Stunde köcheln lassen bis die Erbsen weich sind.

Eine oder zwei Schöpfkellen der fertigen Suppe in ein tiefes Gefäß geben, fein durchpürieren, wieder zurück in die Suppe geben und durchrühren. Wer Abwasch sparen möchte, kann auch kurz den Stabmixer direkt durch den Topf ziehen, und wer keinen „sämigen Pamps-Charakter" bei Eintöpfen mag, kann sich diesen Arbeitsschritt gleich komplett sparen.

Gehackte Petersilie unterrühren und mit Salz und Pfeffer abschmecken.

TIPP:

Schälerbsen sind – wie der Name schon vermuten lässt – geschält und müssen daher vor dem Kochen nicht eingeweicht werden.

Thees Uhlmann //
Zugvögel

Aus der Pfanne

Fast jedesmal, wenn mein ehemaliger Mitbewohner aus jugendlich-hippiesken WG-Zeiten sich etwas Essbares in die Bratpfanne geschmissen hat, untermalte er das Ganze mit übertriebenen (und vermutlich maximal-unprofessionellen) Karatebewegungen und entsprechendem Geschrei und plärrte dabei „Bahn frei für Brutz Lee, den Mann aus der Pfanne!"

Diese nostalgischen Erinnerungen sind mir ständig durch den Kopf geschwirrt, als ich die Rezepte für dieses Kapitel zusammengestrickt habe und nicht selten ebenfalls mit dem Pfannenwender fuchtelnd am Herd stand. Aber die Gerichte sind allesamt so deliziös, dass sie auch ohne übertriebenes Pantominentheater schmecken. Versprochen.

Auch hier habe ich versucht, ohne überteuerte oder exotische Zutaten auszukommen, um Geldbeutel und Freizeit-Kontingent zu schonen. Einzig eine Vanilleschote bringt eventuell ein wenig „Gedöns" mit, weil die Dinger inzwischen leider preislich fast mit Gold aufgewogen werden. Aber irgendwas ist ja immer.

Und nun das Karatestirnband umgeschnürt und Bahn frei für Brutz Lee! („Frau Mohr, jetzt werd' mal erwachsen!" „Ja-haaaa... morgen vielleicht!")

21

22

23

24

Tofu-Pilz-Gulasch mit (Rest-)Bier und Senf

(ca. 2 Portionen)

Achtung, dieses Rezept beginnt mit einem Outing: Frau Mohr süffelt abends hin und wieder mal gerne ein Bierchen!

Hört, hört. Was für ein Lotterleben! Punkrock-Lifestyle at its best!

Aber eben wegen diesem seltenen „hin und wieder" vertrage ich Alkohol nicht gut und schaffe meistens keine ganze Flasche. Meistens bleibt dann ein kleines Pfützchen in der Pulle zurück und muss am Folgetag kohlensäurelos in den Abfluss tauchen.

Eine ziemlich gute und vor allem leckere Methode, um diese kleine Restpfütze des guten Hopfengebräus vor der Verschwendung zu retten, ist die Verkochung in einer simplen, aber köstlichen Soße, die hervorragend zu Pilzen und Räuchertofu passt.

Wer im Gegensatz zu mir in der Lage ist, eine Flasche Bier komplett auszutrinken oder die Finger vom Alkohol lassen möchte, kann einfach Wasser oder Malzbier nehmen.

Die Soße schmeckt übrigens wirklich recht „senfig", man sollte diesen Geschmack also schon ganz gerne mögen, sonst ist es eher nix für den Gaumen.

- 2 EL Olivenöl
- 200g Räucher-Tofu
- 300 g Champignons
- 1 große rote Zwiebel
- 1 Zehe Knoblauch
- ½ TL Salz

- 1 EL Hefeflocken
- 1 EL gehackte Petersilie
- 2 EL Senf
- 100 ml Bier

Den Tofu in kleine Würfel schneiden, das Öl erhitzen und den Tofu darin anbraten. Die Zwiebel würfeln, den Knoblauch pressen und die Pilze putzen und kleinschneiden. Dann alles zusammen zum Tofu in die Pfanne schubsen und andünsten.

Den Senf, Hefeflocken und die Petersilie einrühren, Bier zugeben, mit Salz abschmecken, alles durchrühren und nochmal leicht blubbern lassen.

Und fertig ist die fixe Bier-Senf-Laube! Die o.g. Menge reicht für zwei Portionen und schmeckt zu Kartoffeln genauso gut wie zu Nudeln oder Reis.

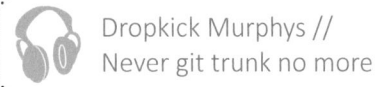

Dropkick Murphys //
Never git trunk no more

22

Der etwas andere Bratapfel

(1 Portion)

Wenn das Leben mal wieder die Daumenschrauben anzieht, sind gutes Essen und Selbstfürsorge immer das erste, was bei mir hinten runterkippt. Wohlwissend, dass es natürlich gerade in strubbeligen Zeiten essenziell wichtig ist, nährstoffreiches Futter einzufahren, um den beanspruchten Motor am Laufen zu halten, verbringe ich die Abende dann meistens mit irgendeinem fettigen Fertigfutterquatsch, Chips und Schokolade.

Natürlich wäre es in diesem Fall 1000x besser, beispielsweise 'nen frischen Apfel zu essen – aber mal ehrlich? Wer tut das schon bei 'nem emotionalen Notfall? Ich zumindest nicht.

Aber ganz einfach in der Pfanne gebraten und kräftig gewürzt ist das mit dem Apfel dann schon wieder eine ganz andere Sache und ein schneller, deftiger Abend-Snack. Und der passt bei mir eigentlich ganz gut in die emotionalen Löcher, die bei mir sonst meistens mit Chips gestopft werden – und deswegen darf der Bratapfel hier auch seinen Platz im Buch finden, obwohl es ja eigentlich kein „richtiges" Rezept ist, sondern nur ein bisschen Zusammenrühren von Äpfeln, Zwiebeln, Tofu und Gewürzen.

- 1 großer Apfel (am besten eine feste, säuerliche Sorte)
- 1 kleine Zwiebel
- 100 g Räuchertofu
- Salz, Pfeffer, geräuchertes Paprikapulver
- Öl zum Anbraten

Zwiebel schälen, würfeln und in Öl in einer beschichteten Pfanne andünsten. Den Apfel halbieren, vom Kerngehäuse befreien und in Stücke oder Spalten schneiden, Tofu würfeln und alles zu den Zwiebeln geben und braten, bis der Apfel weich, aber noch leicht bissfest ist. Gründlich würzen und lecker finden! Ich esse das ganz gerne auf 'ner Scheibe frischem Brot, aber auch schon mal solo.

Tja, ohne Mampf kein Kampf – und irgendwie muss es ja weitergehen.

Zum Glück tut's das ja auch immer irgendwann.

Nick Cave & The Bad Seeds //
Into My Arms

23

Kichernde Brottaschen

(ca. 8 Portionen)

Eigentlich haben diese Brottaschen überhaupt keinen Grund zu kichern – sie sind nämlich so lecker, dass sie immer sofort ratzfatz weggemampft sind und ungefähr der Lebenserwartung einer Fruchtfliege entgegensehen.

Aber des einen Leid ist bekanntermaßen des anderen Freud – und so hat dann zumindest unser Magen gut lachen. Die köstlichen Täschchen sind frisch und direkt aus der Pfanne im Duett mit einem frischen Salat ein prima Abendessen, und kalt ein treuer Begleiter auf langen Wandertouren oder in der Büro-Mittagspause.

Teig:

- 200 ml Wasser
- ¼ Würfel Hefe
- 1 TL Zuckerrübensirup
- 1 TL Salz
- 400 g Dinkelmehl Typ 630
- 10 g Öl nach Wahl (geröstetes Sesamöl passt hier wie die Faust auf den Gaumen, aber jedes andere Öl geht auch)

Füllung:

- 400 g Kichererbsen
- 1 rote Peperoni
- ½ Bund glatte Petersilie
- 1 EL Hefeflocken
- 1 EL Zitronensaft
- 1 gestr. TL Salz

- ½ TL Kreuzkümmel
- Cayennepfeffer und/oder Paprikapulver nach Geschmack
- Sesam und/oder Schwarzkümmel zum Bestreuen
- Öl zum Braten (Sesam-, Erdnussöl oder Rapsöl)

Hefe in warmem Wasser auflösen, Sirup einrühren, Mehl, Salz und Öl zugeben und mit dem Knethaken zu einem glatten Teig verkneten. Den Teig zur einer Kugel formen und in einer bemehlten Schüssel 30 Minuten an einem warmen Ort gehen lassen.

MOHRTIPP:

Wenn gerade kein warmer Ort verfügbar ist, fülle ich eine Wärmflasche mit heißem Wasser, stelle die Schüssel drauf und wickele sie mit einem Handtuch ein.

Man kann die Zutaten für die Füllung in seinem bevorzugten Lebensmittelzerkleinerer zerrödeln oder in ein hohes Gefäß geben und mit dem Pürierstab bearbeiten. Am besten geht das, wenn man zuerst die Kichererbsen zerkleinert und dann die anderen Zutaten zugibt und weiter häckselt.

Danach den Teig in 8 Portionen teilen, diese zu einer Kugel formen und auf einer bemehlten Fläche zu kleinen Fladen ausrollen. Auf je 1 Teigfladenhälfte 1 EL Kichererbsenmasse geben, die andere Hälfte darüber klappen und die Ränder mit einer Gabel festdrücken. Wer möchte, kann eine Seite der Brottaschen noch mit Wasser bestreichen und mit Sesam und Schwarzkümmel bestreuen.

Öl nach Wahl (nicht zu sparsam) in einer großen Antihaft-Pfanne erhitzen und die Teigtaschen auf mittlerer Flamme von beiden Seiten (möglichst mit Deckel druff!) braten, bis sie leicht gebräunt sind. Fertig. Aufessen.

Was der Teig noch so alles drauf hat

Man kann aus dem Hefeteig auch ungefüllt ganz und gar köstliche Pfannenbrote (oder -brötchen) backen – einfach acht Teigfladen oder -kugeln formen (die Kugeln leicht flachdrücken), eine Seite mit Sesam und Schwarzkümmel bestreuen und in der Pfanne goldbraun braten. Diese frischen Brote sind ein großartiger Begleiter zum Chili con Körner (Seite 12), zu Salaten und taugen sogar als schneller Brötchen-Ersatz fürs Sonntagsfrühstück.

Oder man rollt die Teigkugeln aus und belegt sie nach Herzenslust mit Tomaten, Gemüse und Käse und zaubert daraus eine Mini-Pizza-Brigade, die bei 200°C im Ofen gebacken und zu einem prima Mittagessen oder Proviant werden dürfen.

Die rohen Teigkugeln lassen sich auch ganz prima einfrieren – und wieder auftauen, natürlich. Macht ja sonst irgendwie keinen Sinn.

SCHMOHRGURKE
MIT SESAMTOFUWÜRFELN

(ca. 2 Portionen)

„Mooooment, Frau Mohr – du schuldest uns noch ein Rezept!"

„Ähm, wie meinen?!"

„In Kapitel 1, da war doch dieses Erdnuss-Grünkernzeugs... und da war irgendwie noch die Rede von Schmorgurken und Tofuwürfeln, und da wollteste noch was zu erzählen..."

Ach ja, stimmt. Mein Hirn. Dann also ab dafür!

Ich kannte Schmorgurken bisher nur vom Hörensagen und hab' immer ein wenig mit dem Gedanken gefremdelt, SALATgurken (ich meine, das Wort sagt ja schon... SALAT!) zu braten, aber das hier ist ein wirklich gutes und vor allem schnelles und unkompliziertes Gericht, was sicher nicht nur hervorragend zu dem oben genannten Erdnuss-Grünkern, sondern auch garantiert zu Kartoffelpüree passt.

Und jetzt noch, damit ich nicht vor unterdrücktem Wortwitz platze... man kann dieses Gemüse natürlich auch SchMOHRgurke nennen. Es wäre mir ein Fest!

- 1/2 EL Kokosöl
- 1 kleine Zwiebel
- 1 Salatgurke
- ca. 150 ml Kokosmilch
- 1 TL Senfkörner
- 1 TL Kreuzkümmelsamen
- 1 gestrichener TL Kurkuma
- 3/4 TL Salz
- 1/2 TL Cayennepfeffer

Die Gurken der Länge nach halbieren, das Kerngehäuse mit einem Löffel herausschaben und in Scheiben schneiden (die Gurke. Nicht das Kerngehäuse. Ist klar, gell?). Das Öl in Wok oder Pfanne erhitzen und die Zwiebeln darin andünsten. Senfkörner, Kreuzkümmel und Kurkuma zugeben und kurz mit anbrutzeln. Gurkenscheiben ebenfalls in die Pfanne schubsen, kurz anbraten, mit Kokosmilch aufgießen, ca. 15 Minuten weichköcheln und mit Salz und Cayennepfeffer abschmecken.

Dazu passen besagte

Sesamtofuwürfel

- 1 Block Tofu (natur)
- Sojasoße zum Marinieren
- 2 EL Speisestärke
- etwas Wasser
- Sesam

Diese knusprigen Würfelchen sind meine allerliebste Methode, Tofu zuzubereiten. Man muss sich zwar zuerst ein kleines bisschen in das Handling mit der Speisestärke und der Sesampanade reinfuchsen, aber das Ergebnis lohnt sich totalemente. Man kann die Würfel direkt heiß aus der Pfanne als Beilage servieren, über Salate streuen oder auch kalt in die Proviantdose packen.

Die Zubereitung liest sich superschnell und einfach und ist es eigentlich auch, wenn man erstmal den Dreh raus hat.

Zuallererst wird der Tofu ein wenig mit einem Küchentuch ausgedrückt, in ein Behältnis nach Wahl umgeparkt, mit Sojasoße übergossen und dann für eine kleine Weile im Kühlschrank gelagert. Danach wird die überschüssige Sojasoße abgetupft und es kann losgehen mit der Paniererei.

Speisestärke und Wasser in einer kleinen Schüssel vermischen, so dass sich ein dickflüssiger (aber nicht breiiger) Pamps ergibt. Darin die Tofuwürfel von allen Seiten baden, anschließend in Sesam wälzen und die Körnchen an allen Seiten etwas andrücken. Kokosöl in einer beschichteten Pfanne erhitzen und die Würfel darin krossbraun brutzeln.

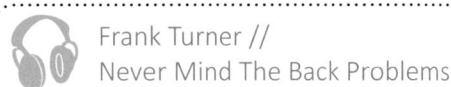
Frank Turner //
Never Mind The Back Problems

25 | Chili Vanilli Rosenkohl
26 | Chili Vanilli Spitzkohl
27 | Chili Vanilli Möhren
28 | Chili Vanilli Rote Bete

Chili Vanilli

Im Folgenden möchte ich dem geneigten Leser und Esser 4 verschiedene Gemüsegerichte mit Chili und Vanille ans Herz, bzw. auf den Teller legen. Auch wenn es erstmal ein wenig eigentümlich klingt, ist die Kombination dieser beiden Geschmacksrichtungen wirklich, wirklich lecker. Einziger Wermutstropfen ist der, dass Vanilleschoten inzwischen echt exorbitant teuer geworden sind und das Gericht somit ein bisschen in die Luxusklasse angehoben wird.

„Aber man darf sich ja ooch mal watt jönne" sagt die Rheinländerin in mir – und ich finde, sie hat Recht, nämlich.

Davon abgesehen ist das Ganze wirklich sehr, sehr schnell und unkompliziert zubereitet und es braucht nicht mehr als 'ne Zwiebel, eine Chili- und eine Vanilleschote, Hafersahne, Salz und einen Hauch Limettensaft. Und Pasta!

Kleiner Hinweis: Wenn man statt Hafersahne Sojacuisine verwendet, könnte das Ganze etwas ausflocken, wenn man den Limettensaft zugibt. Das ist aber nur ein kosmetisches Problem, schmecken tut's genauso gut.

Basta!

In der ersten Variation kommt das Chili Vanilli in Gesellschaft mit Rosenkohl in die Pfanne. Und jedem, der gerade irritiert die Augenbraue hochzieht, kann ich nur allerwärmstens empfehlen, dieses Gericht bitte unbedingt unvoreingenommen auszuprobieren. Es ist superschnell gemacht und eine echte Geschmacksbombe. Voraussetzung: Man sollte Rosenkohl mögen. Das wäre schon irgendwie ziemlich wichtig.

Chili Vanilli mit Rosenkohl

25

- 300 g TK-Rosenkohl (natürlich kann man auch frischen Rosenkohl verwenden. Ich bin dafür aber irgendwie immer zu faul, ähm... zu beschäftigt. BESCHÄFTIGT!)
- etwas Kokos- oder geschmacksneutrales Rapsöl
- 1 kleine rote Zwiebel
- 1 rote Chili
- 1 Vanilleschote
- 200 ml Pflanzensahne (mein Favorit: Hafer)
- 1 kleiner Spritzer Limettensaft (max. 1 halber TL)
- etwas Salz

Die Rosenkohl-Köpfe soweit antauen lassen, dass man sie mit einem scharfen Messer halbieren kann (und selbiges dann auch bitteschön tun!)

Dann das Öl in einer beschichteten Pfanne erhitzen und die halben Röschen darin leicht andünsten.

Die geschälte und gewürfelte Zwiebel und die kleingehackte Chilischote zugeben, mit Sahne aufgießen und Salz und Limettensaft zugeben. Die Vanilleschote aufschlitzen und auskratzen und das Vanillemark mit in die Soße rühren. Die Schote ebenfalls in die Pfanne schubsen und alles zusammen leicht blubbern lassen, bis der Rosenkohl weich (aber noch ein biss-chen biss-fest) ist. Die Vanilleschote wieder entfernen und anrichten.

Wall of Voodoo //
Mexican Radio

 # 26 CHILI VANILLI MIT SPITZKOHL

Mit diesem Gericht hat gleich ein weiterer Kohlkumpan einen Auftritt auf der Chili Vanilli-Bühne.

Spitzkohl ist der zarte und grünere Cousin des klassischen Weißkohls, und er darf sich hier höchst lecker in die Reihe des „mit-Chili-und-Vanille"-kompatiblen Gemüses einreihen.

Statt des Rosenkohls wird hier ein mittelgroßes Spitzkohlköpfchen mit Chili und Vanille vergesellschaftet.

Das Prozedere und die Zutaten sind ansonsten nahezu gleich, nur dass eben der Spitzkohl in zarte Streifen geschnitten und leicht angedünstet mit den übrigen Zutaten verköchelt wird.

Jules Ahoi //
Robinson Crusoe

 # 27 CHILI VANILLI MIT MÖHREN

Diese Zubereitung ist irgendwie die gefälligste Variante, finde ich. Möhren haben ja ohnehin schon eine leichte Süße und sind geschmacklich nicht allzu dominant und so fügen sich die orangen Knollen ganz wunderbar ins Chili-Vanilli-Gefüge ein.

Man benötigt ungefähr 400 g Möhren, die geschält und in Scheibchen geschnitten wie bei den anderen gemüsigen Varianten in der Pfanne angedünstet und ver-chili-vanillit werden.

Manolo Kabrón //
No komas keso en exzeso

Vor einer Weile hatte ich in meiner Gemüsekiste zwei Knollen Rote Bete und dachte mir „Och, das könnt' ja durchaus was werden mit dem Chili und dem Vanille!" Und tatsächlich war das Endergebnis ziemlich lecker und gerade zu dem leicht erdig-süßlichen Geschmack der roten Bete passen Chili und Vanille ex!-or!-bitant! gut. Und optisch...? Naja. Ist immerhin schick rot.

Für diese Variante benötigt man zwei Frau-Mohr-Faust-große Knollen Rote Bete (also so mittlere Größe). Die dollen Knollen habe ich geschält, gewürfelt und im Dämpfkochtopf weichgekocht, bzw. weichgedämpft... das dauerte so ca. 20 Minuten. Dann wie schon gewohnt Zwiebel, Knoblauch und kleingehackte Chili-schote in der Pfanne mit etwas Öl andünsten, die roten Würfel dazu, mit Sahne aufgießen, Vanilleschote auskratzen und das Mark mitsamt der Schote in die Pfanne einrühren, ein Weilchen blubbern lassen und mit Salz und Limettensaft abschmecken. Ach, warum erzähl' ich das eigentlich... wie's geht, wisst ihr ja inzwischen alle.

Ich hatte dazu Vollkornspaghetti und fand's verdammt lecker!

Und zum krönenden Abschluss möchte ich euch noch ermuntern, euch nach Herzenslust mit diesem Rezept auszutoben – ich glaube ja inzwischen, Chili-Vanil-li passt zu allem und macht aus allem was. Brokkoli, Blumenkohl, vielleicht mal übriggebliebene Pellkartoffeln, Pastinaken, vielleicht auch mal in Kombination mit Kichererbsen... ach, was auch immer... den Mutigen gehört die Welt!

Placebo //
Infrared

Aus dem Ofen

Ofengerichte haben den unschlagbaren Vorteil, dass man zwar zu Beginn ein wenig schnibbeln und marinieren muss, aber wenn das Zeugs dann erstmal in der Röhre ist, hat man seine Ruhe und kann in der Back-Zeit die Welt retten. Oder die Katze streicheln.

Es gibt zwar keine verstaubte Anekdote aus meinen Jugendzeiten zur Einleitung ins Kapitel, aber zumindest die Bekanntmachung, dass Frau Klabunde und ich bei den nachfolgenden Rezepten verdammt viel Spaß hatten. Sei es nun bei der Überlegung, ob ein „Kartoffelkerl" so richtig norddeutsch mit Bart, Pfeife und Ankertattoo auf dem Oberarm aussehen darf, oder ob das schon fast eine Form von kultureller Aneignung ist. Schließlich kommt das Döppekooche-Rezept ja eher aus dem Westerwald, da müsste der Kerl doch eher gummistiefelig mit Karohemd daherkommen (wenn man denn nun die stumpfen Stereotypen bedienen möchte).

Oder bei der Entdeckung, dass es zur La-La-Lauchtorte nur einen einzig wahren Musiktipp geben KANN und kein anderer Song möglich ist.

Dann mal husch, husch an den Ofen und losgebacken!

BUNTES OFENGEMÜSE MIT AIOLI

(ca. 2-4 Portionen)

Dieses Kapitel beginnt mit der sensationellen Verkündung, dass kaum eine Sache leichter selbstgemacht ist als vegane Mayonnaise. Ich kenne das Prozedere mit tierischen Zutaten aus Kindertagen als ein hochwissenschaftliches Prozedere mit rohen Eiern, tröpfchenweiser Ölzugabe und hoher Gerinnungsgefahr. Pflanzliche Mayo hingegen ist ratzefitz hergestellt und es muss sich auch niemand mehr vor Salmonellen fürchten. Ganz wichtig ist allerdings, dass alle Zutaten die gleiche Temperatur haben, also alles am besten gemeinsam für ein paar Stunden im Kühlschrank parken. Ebenso essentiell: das Ganze funktioniert nur mit Sojamilch (also keine Hafer- oder andere Getreidemilch verwenden.)

Hier wird aus der Mayo durch die Zugabe von Knoblauch eine leckere Aioli, die ganz wunderbar zu aromatischem Ofengemüse passt.

OFENGEMÜSE:

- 1 Kohlrabi
- 3 kleine Knollen Rote Bete
- 2 große Kartoffeln (festkochend)
- 2 große Möhren
- je 1 kleiner Zweig Salbei, Rosmarin und Thymian
- 1 TL Meersalz
- 125 ml Olivenöl

Den Backofen auf 200°C (Ober- und Unterhitze) vorheizen.

Das Gemüse schälen und in große Stifte, Spalten oder Würfel schneiden. Öl, Salz und Kräuter mittels Pürierstab (den brauchen wir eh gleich noch, also nicht wieder weggräumen) zu einer kräuterwürzigen Marinade vermixen. Die Gemüsespalten damit übergießen und gründlich vermischen. Auf ein Backblech geben,

mit Alufolie oder Backpapier abdecken und für 20 Minuten in den Ofen schieben. Danach die Folie/Abdeckung entfernen und nochmal 20 Minuten backen.

AIOLI:

- 50 ml Sojamilch
- 150 ml Rapsöl
- 1 TL Dijon-Senf
- 1 EL Weißweinessig
- 1-2 Knoblauchzehen
- ½ TL Meersalz

Zur Herstellung der Mayonnaise nun einfach alle Zutaten (bis auf den Knoblauch und das Salz) in ein hohes Gefäß geben, den Pürierstab reinstellen, anschalten... und zuschauen, wie innerhalb weniger Sekunden eine dicke Mayo entsteht. Ggf. den Pürierstab ein paar Mal hochziehen und die Masse leicht pürieren. Die Knoblauchzehe schälen, pressen und zusammen mit dem Salz mit der dicken Soße verrühren. Ofengemüse auf 2 bis 4 Teller anrichten, Knofelmayo dazu reichen und sich freuen, dass so ein einfaches Gericht so lecker sein kann.

ANMERKUNG:

Ich persönlich halte ja die Erfindung der rein pflanzlichen Mayonnaise für eine bahnbrechende Erfindung, vom Wichtigkeitsgrad nur ganz dicht hinter der Buchdruckerkunst und der Erfindung des Rades. Da darf man an dieser Stelle auch durchaus kurz andächtig innehalten.

KNOBLAUCH-LAUCH-TORTE

(ca. 4-6 Portionen)

Gar nicht so einfach, einen Namen für ein Gericht zu finden, dass sowohl Lauch als auch Knoblauch enthält... da ist die Gefahr schnell groß, dass man sich anhört wie ein angeschickerter Biergartenbesucher: „Gibbße mir ma watt vonner Knob-lauchlauchtorte?"

Aber Namen sind ja bekanntermassen Schall und Rauch, also nennt es einfach wie ihr wollt. Von mir aus auch „Porree-Kuchen" oder sowas.

Dem Magen ist es wurscht.

Zur Bärlauchsaison lässt sich der Knoblauch frisch und prima durch ein Bündel-chen des würzigen Krauts ersetzen und schon wird eine Bärlauchtorte daraus. So oder so – gela-lala-lalaucht wird immer.

BODEN:

- 300 ml lauwarmes Wasser
- 1 EL Olivenöl
- 1 TL Zucker
- 2 TL Salz
- 500 g Dinkelmehl Typ 630
- 1 Päckchen Trockenhefe

BELAG:

- 500 g pflanzlicher Joghurt natur (ohne Zucker – unbedingt nachprüfen)
- 2 EL Würzhefeflocken
- 2 mittelgroße Stangen Lauch/Porree
- 2 Knoblauchzehen (oder 1 Bündel Bärlauch)

- 2 EL Olivenöl
- 2 TL Salz
- 100 g Räuchertofu
- schwarzer Pfeffer
- ca 1 EL gehackte glatte Petersilie

Trockenhefe mit dem Mehl vermischen, restliche Zutaten dazugeben und etwa 5 Minuten mit dem Handrührer (oder der Hand, ha!) durchkneten, bis alles gut vermischt ist und nicht mehr klebt.

Egal, wie man den Teig auch zubereitet hat, er wird jetzt erstmal in eine Schüssel an einen warmen Ort gepackt und abgedeckt für ca. 1 Stunde aufgehen lassen. Danach wird der Teig auf ein (eingefettes oder mit Antihaftgedöns-belegtes) Backblech auf ca. 35 x 30 cm ausgerollt. Erneut ca. 20 Minuten gehen lassen.

Für die „Knoblauchlauchhaube" den Joghurt mit den Hefeflocken, dem Öl und den Gewürzen vermischen. Den Lauch putzen, waschen und in Streifen schneiden, Knoblauch durch die Presse jagen und zusammen mit den Porreestreifen (Lauch, Lauch, Lauch... jetzt wo ich es so oft geschrieben habe, klingt's echt albern. Was für ein komisches Wort. Lauuuuch!) in die Joghurtmischung einrühren.

Das Ganze wird nun gleichmäßig auf dem ausgerollten Hefeteig ausgebreitet, mit gewürfeltem Räuchertofu bestreut (ich drücke alles mit frischgewaschenen Händchen noch ein wenig an), und dann mit der Petersilie und etwas schwarzem Pfeffer bestreuselt.

Backofen auf 200°C (Ober- und Unterhitze) einstellen und die Lauchtorte im vorgeheizten Ofen ca. 30 Minuten brutzeln.

31

Döppekooche-Schnitten
mit fruchtigscharfem Kompott

(ca. 2-3 Portionen)

Vermutlich wird außerhalb des Rheinlands und des Westerwalds niemandem das Wasser im Mund zusammenlaufen, wenn man von einer großen Schüssel geriebener, roher Kartoffeln berichtet, die mit Zwiebeln, Eiern, Speck und Mettwurst vermanscht in einen Bräter gekippt und im Ofen 2 Stunden lang zu einer matschig-würzigen Einheit mit brauner (Idealfall) oder gar schwarzer (kommt öfter schon mal vor) Kruste gebacken werden, um dann im Duett mit Apfelmus verspachtelt zu werden. Aber im Rheinland war und ist dieses deftige Unikum Tradition und wird meistens um die Zeit von Sankt Martin im Herbst gebacken.

Bei uns daheim im Hause Mohr war die Zubereitung meistens Männersache. Papa war Döppekooche-Meister und hat die erforderlichen Kartoffelberge sogar von Hand gerieben (was ihm in regelmäßigen Abständen die ein- oder andere Fingerkuppe gekostet hat). Wir hatten einen riesigen gusseisernen Bräter, der meines Wissen nie für etwas Anderes als Döppekooche verwendet wurde. Am Ende der Backzeit kam noch einmal Spannung auf, als der Kartoffelkerl rücklings auf den Bräterdeckel gestürzt wurde... wird er sich in einem Stück aus der Form lösen und sich als dampfender, braunknuspriger Laib präsentieren? Oder macht es einmal „flotsch" und das Innenleben plumpst auf den Deckel, während die Kruste (ach, die KRUSTE!) im Bräter klebenbleibt, mühselig abgekratzt und notdürftig wieder angebastelt werden muss? Ganz egal wie die Geschichte ausging – am Ende hatte man einen deftigen, würzigen, dampfenden Pamps auf dem Teller, der unglaublich köstlich geschmeckt hat. Döppekooche war für mich immer ein leckeres Highlight, das ungeduldig erwartet wurde.

Der Gedanke an einen tierfreien Döppekooche kam mir zwar durchaus des Öfteren. Aber es ist natürlich schwierig, sich für Eier, Speck und Mettwurst tierfreie

Alternativen auszudenken, die schmecken und weitestgehend ohne Gedöns auskommen.

Aber der Döppekooche hat mich nicht losgelassen (ihr wisst schon, Emotionen und so). Ich habe immer mal wieder herumgespielt und am Ende ein für mich mehr als akzeptables Pendant gefunden, dass sich hinter seinem Speckbruder nicht zu verstecken braucht.

Anfangs habe ich tatsächlich ein wenig mit Tofuwürstchen statt Mettwürsten herumexperimentiert, aber irgendwie war das alles Murks – dann dachte ich mir, wenn ich eh schon alles an dem Gericht verändere, mache ich einfach eine ganz neue, voll moderne und stylishe Variante.

Das Gute daran ist (neben der einfachen Herstellung und der unfassbar gigantösen Köstlichkeit), dass diese Schnitten so ganz anders als der klassische Döppekooche sind. So läuft man gar nicht erst Gefahr, den Geschmack mit dem Kindheitsgericht zu vergleichen und am Ende (emotional) enttäuscht zu sein.

Neue Zeiten, neuer Kooche.

Übrigens:

Bei allen folgenden Angaben zu den Gewürzen gilt: „ganz schwach gehäuft" – also bitte keinen Bergbau betreiben.

Rose Betts //
Driving Myself Home

Kartoffelkerl:

- 1,2 kg festkochende Kartoffeln (geschält gewogen)
- 1 große rote Zwiebel
- 125 g getrocknete Cranberries
- 3 EL Kichererbsenmehl (30 g)
- 1 Zehe Knoblauch
- 1 EL Salz
- 2 TL Paprika
- 1 TL schwarzer Pfeffer
- 1 TL Curry
- Öl zum Einpinseln

Den Backofen auf 200°C vorheizen. Kartoffeln schälen, in die Hände spucken (bitte nur sinnbildlich, alles andere wäre unhygienisch), die Ärmel hochkrempeln und die Kartoffeln allesamt reiben. Je nachdem, welchen fleißigen Helfer man hierzu benutzt und wie viele verschiedene Möglichkeiten es dabei gibt, würde ich so „mittelgrob" empfehlen. Die Zwiebeln würfeln, Cranberries hacken und zu den Kartoffeln geben, Kichererbsenmehl und Gewürze drüberstreuen und mit den Händen gut vermischen.

Eine Auflaufform mit Öl auspinseln, die Masse darin verteilen und leicht andrücken. Ab in den Ofen. Nach 20 Minuten die Oberfläche mit 2 EL Öl einpinseln. Insgesamt gut 1 Stunde backen lassen.

Während der Kartoffelkerl im Ofen bäckt, wird aus den geschälten Äpfeln und Bananen das wunderbare Kompott gezaubert.

Apfelkompott:

- 150 g Bananen (vollreif)
- 150 g säuerliche Äpfel

(Äpfel und Bananen geschält und entkernt gewogen. Also, nur die Äpfel sind entkernt, ist klar, ne?)

- 3 EL Zitronensaft
- 60 g Bio-Rübenzucker
- 1 TL Currypulver (je nachdem welche Mischung man verwendet, einfach mal testen)

Das Obst in Stücke schneiden und in einen Topf schubsen. Dann kommen Zitronensaft und Zucker dazu und das Ganze wird auf mittlerer Flamme so lange geköchelt, bis die Äpfel weich sind. Dann bekommt der Topfinhalt noch eine gründliche Massage mit dem Pürierstab, bis ein weiches Kompott entstanden ist. Dazu gibt man das Currypulver, rührt das Ganze nochmal gut durch und... fertig.

Das Kompott ist übrigens so lecker, dass man durchaus die doppelte Menge zubereiten kann. Ich fülle das goldene Stöffchen dann kochend heiß in ein ausgespültes Schraubglas und lasse es darin abkühlen (danach bitte im Kühlschrank aufbewahren).

Passt zu allem, wenn man Curry mag... ich esse das Kompott zu Bratkartoffeln, gebratenem Tofu, oder gebe es zu gedämpftem Gemüse. Oder aufs Brot.

Mittlerweile ist dann wohl auch der Döppekooche fertig und wird in Stücke geschnitten und auf Tellern platziert. Das Kompott kann man kalt oder auch warm dazu servieren.

Flotti Karotti im Orient-Style

(ca. 2 Portionen)

Dieses wirklich fix zubereitete Gericht ist eine Art Karottensalat aus dem Ofen und schmeckt warm und kalt verdammt köstlich. Nur kühlschrankkalt sollte es nicht serviert werden, dann kommen die Aromen nicht so richtig durch. Ich mag's am liebsten lauwarm, und so passt es auch ganz großartig als Beilage oder Solo-gericht.

Zutaten für's Gemüse:

- ca. 500 g Möhren (mit Schale gewogen)
- 1 Dose Kichererbsen (400 ml – Abtropfgewicht 265 g)
- 1-2 EL Olivenöl
- ¾ TL Salz
- ½ TL Kreuzkümmel
- ½ TL schwarzer Pfeffer

Die Möhren schälen und in mundgerechte Streifen schneiden. Kichererbsen abtropfen lassen und zusammen mit dem Öl und den Gewürzen gründlich vermi-schen. Auf ein Backblech oder einer großen Aufflaufform verteilen, den Ofen auf 190°C (Ober- und Unterhitze) einstellen (ohne Vorheizen, wir wollen ja Energie sparen) und die Möhren-Kichererbsen-Mischung dort ca. 15-20 Minuten backen. Am Ende sollten die Karottenstreifen gar, aber bissfest sein – also aufpassen, dass sie nicht zu weich werden.

Zutaten für die Soße:

- 60 g Tahini
- ca. 50 ml Wasser
- 2 TL Zitronensaft
- ½ Knoblauchzehe
- Salz und Kreuzkümmel
- Sesam, Schwarzkümmel und gehackter Koriander zum „Toppen", wer möchte

Alle Zutaten für die Soße (außer Sesam, Kümmel und Koriander) in einem hohen Gefäß gründlich pürieren (oder in einem leistungsfähigen Foodprozessor zusammendängeln). Die Soße sollte die Konsistenz von Trinkjoghurt haben, damit sie sich gut über dem Gemüseberg verteilt... also ggf. etwas mehr Wasser zufügen.

Das Möhren-Kichererbsen-Duett in einer Schüssel oder auf einer Platte anrichten, die Soße darübergießen, mit Sesam, Schwarzkümmel und Koriander bestreuen... und maximallecker finden!

Die Feisten //
Ich bin ein Gänseblümchen

Aus der Salatschüssel

„Man findet keine Freunde mit Salaaaa-haaat!" *)

Na gut, auf die üblichen langweiligen Grünzeugs-Salate mit Essig und Öl und ein paar Alibi-Tomätchen, die weder glücklich noch satt machen, mag dieses Zitat zwar zutreffen – aber in diesem Kapitel findet ihr handfeste und reichhaltige Rezepte mit Kartoffeln, Hülsenfrüchten und Pasta. Alle Salate lassen sich ganz wunderprächtig vorbereiten und halten sich eine Weile im Kühlschrank frisch und lecker.

Wenn man also DOCH Freunde findet (wovon ich bei diesen Rezepten einfach mal felsenfest ausgehe), könnten diese dann auch gleich spontan verköstigt werden.

---

* Wer dieses Zitat und das dazugehörige Tänzchen nicht kennt, sollte mal „Die Simpsons" und „Man findet keine Freunde mit Salat" googeln und mitsingen. Diese Vorgehensweise ist aber freiwillig. Da bin ich nicht so.

Ironwoman-Linsensalat

(ca. 2 Portionen)

Mittlerweile sollte es zwar eigentlich auch bis zu den letzten Bänken im Ernährungsklassenzimmer durchgedrungen sein, dass pflanzliche Ernährung nicht zwangsläufig dramatischer Eisenmangel bedeutet – dennoch bekommen diverse Mitmenschen immer noch ein nervöses Flackern in den Augen, wenn sie das Schlagwort „vegan" vernehmen. „Aber EISEN! Wie bekommst du denn dein EISEN?!"

Naja, was soll ich sagen... aus einem leckeren Linsensalat zum Beispiel. 100 Gramm getrocknete Linsen enthalten etwa 7,5 mg Eisen, im Vergleich dazu guckt z.B. Rinderfilet mit ca. 2,3 mg Eisen doch eher sparsam aus der Mineralstoffwäsche. Um die Verwertbarkeit von pflanzlichem Eisen zu erhöhen, sollte man möglichst immer irgendwas Vitamin-C-haltiges dazu futtern, dann kann der Körper das gute Zeug besser aufnehmen. Beim Linsensalat spielt der Zitronensaft hier also Transporthelfer. Dazu noch Petersilie und rote Paprika und schon darf man/frau sich mit Fug und Recht „Ironwoman" nennen.

Letzteres ist aber optional.

- 600 g gekochte braune Linsen (entspricht ca. 250 g getrockneten)
- 2 EL Tomatenmark
- 3 EL Olivenöl
- Saft einer halben Zitrone
- 1 Frühlingszwiebel
- 1 Bund glatte Petersilie
- 2 rote Spitzpaprika
- 50 g Walnusskerne
- 50 g Sonnenblumenkerne
- Salz, Pfeffer, Kreuzkümmel, Chilipulver

Falls getrocknete Linsen versalatet werden sollen, diese bitteschön nach Packungsanweisung kochen und abkühlen lassen. Den Sonnenblumenkernen und Walnüssen darf man vorab ruhig eine Röstung in einer beschichten Pfanne gönnen, das schmeckt besser (ist aber nicht zwingend notwendig.) Tomatenmark, Öl und Zitrone glattrühren und mit den Linsen vermischen. Frühlingszwiebel, Walnüsse und Petersilie hacken, Paprika würfeln und zusammen mit den Sonnenblumenkernen unter die Linsen rühren. Reichlich mit Salz, Pfeffer und Kreuzkümmel würzen und lecker finden.

Der Salat ist am besten, wenn er ein paar Stunden im Kühlschrank durchgezogen ist und hält sich dort gut und gerne bis zu 3 Tagen. Da er ziemlich gut sättigt, ist er auch ein prima Proviant für den Arbeitstag.

Volbeat //
Still Counting

BUNTER PROTEINSALAT

(ca. 2-3 Portionen)

Dieser Salat beantwortet eine weitere häufig gestellte Frage zur veganen Ernährung: „Proteine! Woher um HIMMELS WILLEN bekommst du deine Proteine?!"

Zusätzlich zum Reichtum an Proteinen ist er aber auch ziemlich deliziös, sättigend und hält sich gut ein paar Tage frisch und lecker.

Somit ist der Vorteil, dass er – einmal zusammengerührt – für einige Zeit im Kühlschrank wohnen darf und jeden Abend mit einer neuen Zutaten kombiniert werden kann. Man kann beispielsweise übriggebliebene Pellkartoffeln würfeln und mit dem Salat vermischen und hat ratzfatz einen fixen Kartoffelsalat. Reis-Reste schmecken auch in dieser bohnigen Gesellschaft... oder Gurke, grüner Salat, Nudel-Reste... was immer der Kühlschrank in den nächsten Tagen so hergibt.

- 1 Frühlingszwiebel (oder Schalotte)
- 50 ml Zitronensaft
- 50 ml Olivenöl
- 1,5 EL Agavendicksaft
- 2 TL Senf (am besten eine milde Sorte)
- 1 TL Salz (ich bin ein salziger Typ, wer das nicht gerne mag, nimmt nur ¾ TL. Nachsalzen kann man ja immer noch)
- ½ TL schwarzer Pfeffer
- 1 EL Petersilie, gehackt (TK oder frisch)
- 300 g Edamame*
- etwas Öl für die Pfanne
- 200-250 g Kichererbsen (gekocht)
- 200-250 g Kidneybohnen (gekocht)

Zuerst etwas Öl in einer beschichteten Pfanne erhitzen und die Edamame darin ca. 10 Minuten dünsten – die Böhnchen dürfen ruhig dezent angebräunt sein. Wer Stangen- oder Brechbohnen verwendet, sollte diese putzen, in Stücke schneiden und am besten in einem Dämpftopf ca. 12 Minuten dämpfen.

Die Zwiebeln fein hacken und alle Zutaten in eine große Schüssel geben und miteinander vermischen.

Ja, richtig gelesen: nix mit „Dressing anrühren und über den Salat geben"...ich gebe wirklich alles zusammen und rühre einfach gründlich um. Vermischen tun sich alle Zutaten ja dabei eh von selbst. Und dann – Deckel drauf und ab in den Kühlschrank!

EDAMAME*

Edamame sind junge Sojabohnen, die ich gerne bereits ausgelöst und tiefgekühlt in Bio-Qualität kaufe. Wer das nicht mag oder nicht beim örtlichen Gemüsedealer (bei uns gibt es die in jedem größeren Supermarkt) findet, kann beispielsweise grüne Stangenbohnen nehmen. Die gibt's frisch oder als TK-Ware und die sind mindestens genauso lecker. Und genauso grün.

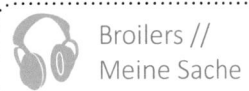
Broilers //
Meine Sache

BLITZKARTOFFELSALAT

(ca. 1-2 Portionen)

Der folgende Salat beantwortet keine hochbrisanten Fragen der Ernährungs-lehre, sondern ist ganz vielmehr die allerbeste Methode, um übriggebliebene Pellkartoffeln im Nullkommanix in eine äußerst deliziöse Beilage zu verwandeln (und ganz ehrlich bei mir oft der Grund, warum ich immer ein „paar Kartoffeln mehr" koche, wenn ich schon mal dabei bin.)

Statt klassisch mit Mayo oder schwäbisch mit Brühe und Senf werden bei die-sem Salat die Kartoffeln mit Möhren, Erdnüssen und Koriander vergesellschaftet. Er ist zudem schneller gemacht als man „Und was essen wir zum Grillen als Bei-lage?!" sagen kann.

- 2-3 Pellkartoffeln
- 1 kleine Frühlingszwiebel (rote Zwiebel geht auch)
- 1 große Karotte
- 1 TL Erdnussmus (gerne mit Stückchen)
- 1 TL Oliven- oder Rapsöl
- 1,5 EL Sojajoghurt natur (ohne Zucker)
- Salz, Kreuzkümmel, gehackte geröstete Erdnüsse, frischer Koriander

Die Pellkartoffeln in Scheiben und die Frühlingszwiebel in Röllchen schneiden (wer 'ne rote Zwiebel nimmt, sollte lieber würfeln).

Wer eine Küchenmaschine mit Hackmesser besitzt, kann nun Möhre, Zwiebel, Erdnussmus, Öl, Joghurt und Gewürze komplett zusammen hineinschmeißen und zerhäckseln, dann hat man in einem Wisch das Gemüse geraspelt und das Dres-sing verrührt. Die Möhrenzwiebelpaste dann gründlich mit den Kartoffelscheiben vermischen.

Wer lieber im Handbetrieb arbeitet, darf die Möhre schälen und raspeln, dann das Erdnussmus mit dem Öl und dem Joghurt verrühren, mit Salz und Kreuzkümmel abschmecken und mit Kartoffeln, Zwiebel und der Karotte vermischen.

Wer mag, kann noch ein paar Blätter frischen Koriander hacken und unterheben – wer nicht mag, nimmt stattdessen Petersilie. Oder lässt das Grünzeug weg – wäre aber schade drum. Den fertigen Salat anrichten, mit Erdnüssen bestreuen und auffuttern.

Gerne darf der Blitzkartoffelsalat bei mir auch in ein Schraubglas abgefüllt als prima Mittagsmahlzeit mit auf die Arbeit reisen oder mit auf Wandertour gehen.

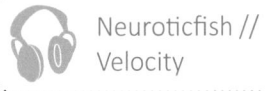

Neuroticfish //
Velocity

36 SPAGHETTI-SALAT „KONNICHIWA"

(ca. 2 Portionen)

Im Normalfall werden für asiastisch angehauchte Salatkonstruktionen ja Erzeugnisse mit so spannenden Namen wie „Mie-Nudeln" verwendet. Oder Soba- oder Udon- oder Weißderkuckuck-Nudeln. Da ich mich aber in meiner störrischen „Watt-der-Bauer-nischt-kennt-datt-vernudelsalatet-er-nischt!"-Mentalität mit „sowas" noch nie wirklich befasst habe, habe ich für diesen Salat ganz bockig schnöde Vollkornspaghetti in die Salatschüssel geworfen. Da weiß ich zumindest, wo man sie kaufen kann (im örtlichen Supermarkt nämlich) und wie man sie kocht und wie sie schmecken. Und mit frischen Gurken, Möhren, Koriander und einem Erdnuss-Dressing kommt dann doch noch eine Prise Asia-Style mit in den Salatpott.

- ca. 100 g Vollkornspaghetti
- 1 mittelgroße Möhre
- 1 großes Stück Salatgurke (ca. 160-170 g)
- 1 kleine Lauchzwiebel
- 1 halbe rote Peperoni
- ca. 1-2 EL gehackter frischer Koriander

DRESSING

- 1 EL Erdnüsse, gesalzen und geröstet
- 1 EL Erdnussbutter (am liebsten crunchy)
- 2 EL Sojasoße
- 2 EL Limettensaft
- 1 TL Agavendicksaft
- 1 TL Sesamöl

Die Spaghetti in kleine/mundgerechte Stücke brechen, nach Anweisung bissfest kochen, abschütten und etwas abkühlen lassen. Die Möhre und die Gurke in feine Streifen schnitzen (oder es sich einfach machen und beides raspeln, ich wollte es nur fürs Foto etwas adretter haben). Die Lauchzwiebel in Ringe schneiden, die Peperoni hacken.

Für das Dressing Erdnussbutter, Sojasoße, Limetten- und Agavendicksaft und Sesamöl verrühren. Je nachdem, welche Erdnussbutter verwendet wird, könnte es eine etwas dickflüssigere Soße ergeben – dann ggf. noch einen Schluck Wasser zugeben.

Alles zusammen in einer Schüssel gründlich vermischen, mit den Erdnüssen bestreuen und auffuttern. Eventuelle Reste kann man gut im Kühlschrank aufbewahren, aber die Nudeln werden dann vermutlich die Soße komplett wegsüffeln und der Salat wird etwas trocken. Dem kann man Abhilfe schaffen, wenn man beim erneuten Servieren einfach ein wenig neutralen Joghurt unterrührt.

The Cure //
Speak My Language

ROHER GEMÜSESALAT
MIT CHILI UND KNOBLAUCH

(eine Riesenschüssel)

Gerade im heißen Hochsommer funktioniert das vorbildliche Gemüse-Verschnabulieren ganz hervorragend, wenn man selbiges zu einem Salat transformiert. Der ist nämlich ein großartiger Begleiter für lauschige Grillabende – und für alle diejenigen, die am nächsten Tag arbeiten müssen, kann eine Tupperbüx für die Mittagspause befüllt werden.

Man sollte Zwiebeln, Knoblauch und Chili mögen, wenn man sich an diesem Salat versucht. Theoretisch könnte man diese Ingredienzen zwar auch weglassen, aber dann wird das geschnibbelte Gemüse für meinen Geschmack zu lasch.

(„Laaaangweilig!"

Ja, sag' ich doch!)

- 2 mittelgroße Zucchini
- 4 große Tomaten
- 3-4 Paprika (farblich bunt gemischt, der Optik wegen)
- 1 große Gemüsezwiebel
- 2-3 Zweige Rosmarin
- 1-2 Knoblauchzehen
- 1-2 frische Chilischoten je nach persönlichem Scharf-O-Meter
- ca. 150 g getrocknete Tomaten (genau, die aus dem Glas in Öl mit den Kräutern)
- ca. 50-60 g Olivenöl
- 1-2 gestrichene TL Salz
- 1 gestrichener TL schwarzer Pfeffer
- 1 gestrichener TL Paprikapulver, geräuchert

- Und wer auf bizarr anmutende Kombinationen steht (wie ich) darf/sollte noch eine großzügige Prise Zimt zugeben.

Die Gewürzmengen sind nur eine grobe Marschrichtung, da sollte sich jeder nach seinem persönlichen Geschmack durchwürzeln.

Und jetzt wird losgeschnibbelt in der deftigen Teufelsküche: Tomaten und Paprika vom Kerngehäuse befreien und in Streifen schneiden, Zucchini der Länge nach vierteln und in dünne Scheiben schneiden, Zwiebel nackisch machen und würfeln. Den Knobi via Knoblauchpresse zerdrücken und zusammen mit den getrockneten Tomaten, den Chilis und dem Öl in einem hohen Gefäß zu einer öligen Paste pürieren. Rosmarinnadeln abzupfen und grob hacken und mit dem Gemüse und der Tomatenpaste gründlich in einer Schüssel vermischen. Mit den Gewürzen abschmecken und im Kühlschrank mindestens 1 Stunde durchziehen lassen.

Die o.g. Zutaten ergeben eine ziemlich ordentliche Menge. Und was macht man nun als handelsüblicher Single mit so einer Monsterportion, wenn gerade KEINE Grillparty-Gäste abzufüttern sind? Tja, da zeigt sich die ganze Magie dieses Salates, den kann man nämlich ganz wunderbar weiterverzaubern, z.B. zu einem

DEFTIGER BOHNENPOTT

(38)

- 200 g Gemüsesalat
- 1 EL Tomatenmark
- 200 ml Wasser
- 1 Dose Kidneybohnen (Abtropfgewicht 240 g)
- 50 g rote Linsen

Den Gemüsesalat in einem Topf leicht andünsten (es braucht kein extra Öl, die Marinade reicht), mit Wasser aufgießen, Tomatenmark und rote Linsen einrühren und unter Rühren ein paar Minuten ganz leicht köcheln. Die Bohnen einrühren und so lange zart blubbern lassen, bis die Linsen weich sind. Eventuell ein wenig nachwürzen, in eine Schüssel geben und auffuttern.

Na, doch wieder Lust auf Salat? Dann ab an die Gemüsesalat-Reste und auf zum

39 KNOTSCHI-SALAT MIT RUCOLA

(Ja, ich weiß... die Dinger heißen „Gnocchi"... aber hey, ich bin Rheinländerin!)

- ca. 300 g gekochte Gnocchi
- 200 g Gemüsesalat
- 1 EL Weißweinessig
- 1 gute Handvoll Rucola
- geröstete Sonnenblumenkerne

Die Gnocchi in etwas Öl (Rapsöl mit Buttergeschmack rockt!) anbraten, kurz abkühlen lassen, mit den anderen Zutaten vermischen und mit Sonnenblumenkernen vermischen. Am besten schmeckt das Ganze in lauwarmem Zustand.

Und wenn nun immer noch Gemüsesalat übrig sein sollte, lässt der sich ganz wunderbar und einfach zu

The Great Park //
We should have, we didn't

BLÄTTERTEIGTASCHEN

verbacken – damit kann man zum einen ganz wunderbar alles ratzeputz aufbrauchen, und zum anderen hat man gleich ein paar prima Snacks für die Mittagspause oder für unterwegs.

Ganz einfach Blätterteig ausrollen, in Vierecke schneiden, 1 EL Gemüsesalat draufsetzen, zusammenklappen, festdrücken, backen – und snacken.

Manchmal kanns so einfach sein.

Mumford & Sons //
Sigh No More

Cayennepfeffer ??? Cayennepfeffer Cayennepfeffer ! So nicht, Freundchen !

Ein paar warme Wort zum Abschluss

Wie immer in allen Koch- und Backbuchlebenslagen geht mein maximalgroßer Dank an die großartige Frau Klabunde, ohne die es auch dieses Kochbuch nicht gegeben hätte. Nicht heute und nicht in 1.000 Jahren.

Ein ebenfalls riesengroßes Dankeschön geht an Herrn Reibeholz, der nicht nur nahezu alle Rezepte auf Rechtschreib- und Logikfehler gecheckt hat, sondern mich mit seiner Begeisterung für dieses Projekt immer wieder mitgerissen hat, wenn ich gerade 'ne Durststrecke im Hirn hatte.

Bedanken möchte ich mich nicht minder bei den Fehlersheriffs Herr Reimann, Frau Stöffer, Frau Knieper und Frau Simon, die jeder für sich spannenderweise immer wieder ganz neue Fehler entdeckt und gemeldet haben. Schon verrückt, was ich mir für einen Bullshit zusammengeschrieben hätte, wenn ich ohne Aufsicht gewesen wäre.

Und last, but SOWATT von not least, geht Dank und Liebe an die vielen wundervollen Menschen da draußen, die dieses Projekt über GoFundme unterstützt und mir ihre Supporttalerchen in den Hut geschmissen haben, oder einfach mental anfeuernd am Wegesrand standen und dieses Buch mit ins Ziel getragen haben.

Ihr seid Rock'n Roll. Echt jetzt.

Aufgemerkt!
Was tun bei Fehldrucken oder -schnitten?

Bei einer Charge des ersten Plätzchenbackbuchs hatte die Druckmaschine des Verlags scheinbar Schluckauf und die Büchlein kamen schief und unschön beschnitten bei den erwartungsfrohen Lesern an.

Leider habe ich persönlich auf solche Dilemmata keinen Einfluss, möchte aber darauf hinweisen, dass ihr eure Bücher in solchen Fällen unbedingt beim jeweiligen Verkäufer reklamieren solltet. Dann gibt's nämlich einen ordentlichen Ersatz. Schließlich hat ja jeder ein Recht auf ein schönes Buch.